MW01248256

संक्षिप्त

मध्य प्रदेश

सामान्य ज्ञान

टीम प्रभात प्रकाशन

प्रभात
पेपरबैक्स
www.prabhatbooks.com

प्रकाशक
प्रभात पेपरबैक्स
4/19 आसफ अली रोड, नई दिल्ली-110002

फोन: 23289555   23289666   23289777   फैक्स: 23253233

ई-मेल: prabhatbooks@gmail.com

वेब ठिकाना: www.prabhatbooks.com

सर्वाधिकार

सुरक्षित

संस्करण

प्रथम, 2018

अ.मा.पु.स. 978-93-5266-726-0

———— ★ ————

SANKSHIPT MADHYA PRADESH SAMANYA GYAN
TEAM PRABHAT PRAKASHAN

Published by **PRABHAT PAPERBACKS**
4/19 Asaf Ali Road, New Delhi-110002

ISBN 978-93-5266-726-0

विषय-सूची

इतिहास

प्राचीन इतिहास

डॉ. एच. डी. सांकलिया सुपेकर, आर.बी. जोशी एवं बी.बी. लाल जैसे पुरातत्वविदों ने नर्मदा घाटी का सर्वेक्षण किया है।

नर्मदा घाटी से विभिन्न प्रकार की पुरातात्विक सामग्री प्राप्त हुई है। उस काल की कुल्हाड़ियां नर्मदा की घाटी के उत्तर में देवरी, सुखचाईनाला बुरधना, केडघाटी, बरखुस, संग्रामपुर के पठार तथा दामोह से प्राप्त हुई हैं।

हथनोरा से मानव की खोपड़ी के साक्ष्य मिले हैं। महादेव चिपरिया में सुपेकर को 860 औजार प्राप्त हुए हैं।

नरसिंहपुर से प्राप्त आद्य सोहन किस्म के गंडासे और खंड़क उपकरण तथा चौतरा किस्म के हस्तकुठार और विदारणियां आदि हैं।

भीमबैठका की गुफाओं से निवास स्थलों की एक श्रेणी प्राप्त हुई है। यहीं से एश्यूलियन् उपकरण की प्राप्ति से बड़ी आबादी का संकेत मिला है, जो विदारणियों के निर्माण में अत्यंत कुशल व अनुभवी थे।

भीमबैठका गुफाओं और सोन घाटी के क्षेत्र से मध्य पूर्व पाषाण काल के उपकरण प्राप्त हुए हैं। इस राज्य में ई.पू. 30 हजार से 10 हजार ई.पू. के मध्य तक मानव जीवन पूर्णतया प्राकृतिक था।

मध्यपाषाण काल

(8 हजार ई.पूर्व से 4 हजार ई.पूर्व) यह पुरापाषाण और नव पाषाण युग के बीच का संक्रमण काल है। उस समय तापमान बढ़ा और मौसम गर्म और सूखा होने लगा।

भारत में मध्यपाषाण काल की खोज का श्रेय सी.एल. कालाईल को जाता है। जिन्होंने 1867 ई. में विंध्य क्षेत्र में लघु पाषाण उपकरणों की खोज की।

भीमबेटका शिलाश्रयों तथा गुफाओं से मध्यपाषाण काल के उपकरण प्राप्त हुए हैं। होशंगाबाद जिले में स्थित 'आदमगढ़ शैलाश्रय' में आर.बी. जोशी ने 1964 ई. के लगभग 25 हजार लघु पाषाण उपकरण प्राप्त किये।

नवपाषाण काल

(9 हजार ई.पूर्व से 1 हजार ई.पूर्व) इस युग में मानव के सामाजिक-आर्थिक जीवन में क्रांतिकारी परिवर्तन हुए। शवाधान की प्रक्रिया, अग्नि के उपयोग का ज्ञान, कृषि व पशुपालन से परिचित हो चुके थे। इस युग में पत्थरों के अलावा हड्डियों के औजार भी बनाए जाने लगे थे।

इस काल के औजार एरण, जतकारा, जबलपुर, दमोह, सागर एवं होशंगाबाद आदि क्षेत्रों से प्राप्त हुए हैं।

इस युग के औजार—सेल्ट, कुल्हाड़ी, बसूला, घन, रचक तथा ओप करने वाले प्रमुख हैं।

गुफा चित्र

पंचमढ़ी के निकट बहुत सी गुफायें प्राप्त हुई हैं। इनमें लगभग चालीस गुफायें विविध प्रकार के चित्रों से सुसज्जित हैं। होशंगाबाद से भी एक गुफा प्राप्त हुई है जिसमें, एक 'जिराफ' का चित्र बना हुआ है।

ताम्र पाषाण काल

सभ्यता का दूसरा चरण पाषण एवं ताम्रकाल के रूप में विकसित हुआ है। नर्मदा की सुरम्य घाटी में ईसा से 2000 वर्ष पूर्व यह सभ्यता फली-फूली थी। यह मोहनजोदड़ो और हडप्पा के समकालीन थी। महेश्वर, नवादाटोली, कायथा, नागदा, बरखेड़ा, एरण आदि इसके केन्द्र थे।

इन क्षेत्रों की खुदाई से प्राप्त अवशेषों से इस सभ्यता के बारे में जानकारी मिलती है। उत्खनन में मृदभाण्ड, धातु के बर्तन एवं औजार आदि मिले हैं। बालाघाट एवं जबलपुर जिलों के कुछ भागों में ताम्रकालीन औजार मिले हैं। इनके अध्ययन से ज्ञात होता है कि विश्व एवं देश के अन्य क्षेत्रों के समान मध्य प्रदेश के कई भागों में खासकर नर्मदा, चंबल, बेतवा आदि नदियों के किनारों पर ताम्र पाषाण सभ्यता का विकास हुआ था।

डा. एच.डी. सांकलिया ने नर्मदा घाटी के महेश्वर, नवादाटोली, टोड़ी और डॉ. बी. एस. वाकणकर ने नागदा-कायथा में इसे खोजा था। इसका काल निर्धारण ईसा पूर्व 2000 से लेकर 800 ईसा पूर्व के मध्य किया गया है।

घुमक्कड़ जीवन अब समाप्त हो गया था और खेती की जाने लगी थी। अनाजों और दालों का उत्पादन होने लगा था।

मिट्टी और धातु के बर्तनों का उपयोग होता था। इन पर चित्रकारी होती थी। पशुओं में प्रमुख रूप से गाय, बकरी, कुत्ता आदि पाले जाते थे।

लौहकालीन संस्कृति

मध्य प्रदेश के विभिन्न क्षेत्रों से लौहयुगीन संस्कृति के साक्ष्य प्राप्त होते हैं; जैसे—भिण्ड, मुरैना तथा ग्वालियर।

महा पाषाणकालीन संस्कृति

महा पाषाण संस्कृति के अंतर्गत कब्रों पर बड़े-बड़े पत्थर रखे जाते थे। महापाषाण संस्कृति के साक्ष्य रीवा- सीधी क्षेत्र से प्राप्त हुए हैं।

वैदिक काल

महर्षि अगस्त्य के नेतृत्व में नर्मदा घाटी क्षेत्र में यादवों का एक झुंड इस क्षेत्र में बस गया और यहीं से इस क्षेत्र में आर्यों का आगमन आरंभ हुआ।

जनश्रुतियों के अनुसार कारकोट के नागवंशी नर्मदा के किनारे काठे के शासक थे। ऐसे समय गंधर्वों से जब उनका झगड़ा हुआ तो अयोध्या के इक्ष्वाकु नरेश मांधाता ने अपने पुत्र पुरुकुत्स को नागों की सहायता के लिए भेजा। पुरुकुत्स की सेना ने गंधर्वों को बुरी तरह हराया। इसी वंश के शासक मुचुकुंद ने नर्मदा के किनारे अपने पूर्वज मांधाता के नाम पर मांधाता नगरी की स्थापना की जो वर्तमान से खंडवा जिले में है।

यदु कबीले के हैहय शाखा के शासकों के काल में इस क्षेत्र की अभिवृद्धि चरम पर थी।

महाकाव्य काल

रामायण काल के समय प्राचीन मध्य प्रदेश के अंतर्गत महाकांतार तथा दण्डकारण्य के घने वन थे। राम ने अपने वनवास का कुछ समय दण्डकारण्डय (अब छत्तीसगढ़) में व्यतीत किया था।

राम के पुत्र कुश जो कि दक्षिण कोशल के राजा थे, जबकि शत्रुघ्न के पुत्र शत्रुधाती ने दशार्ण (विदिशा) पर शासन किया। विंध्य, सतपुड़ा के अतिरिक्त यमुना के काठे का दक्षिण भू-भाग तथा गुर्जर प्रदेश के क्षेत्र इसी घेरे में थे। पुरातत्वविदों के अनुसार, यहां की सभ्यता 2.5 लाख वर्ष से भी अधिक प्राचीन है। पुराणों के अनुसार विंध्य प्रदेश तथा सतपुड़ा के वनों में निषाद जाति के लोग भी निवास करते थे।

महाभारत के युद्ध में भी इस क्षेत्र के राजाओं द्वारा भी योगदान दिया गया। इस युद्ध में भी काशी, वत्स, दर्शाण, चेदि तथा मत्सय जनपदों के राजाओं ने पाण्डवों का साथ दिया।

पाण्डवों ने अपने अज्ञातवास के काल में कुछ समय यहां के जंगलों में व्यतीत किया था।

महाजनपद काल

छठवीं शताब्दी ई. पू. में अंगुतर निकाय तथा भगवती सूत्र में 16 जनपदों का उल्लेख मिलता है। इनमें से चेदी तथा अवंति जनपद मध्य प्रदेश के अंग थे। अवंति जनपद अत्यंत ही विशाल था।

यह मध्य तथा पश्चिमी मालवा के क्षेत्र में बसा हुआ था। इसके दो भाग थे-उत्तरी तथा दक्षिणी अवंति। उत्तरी अवंति की राजधानी उज्जयनी तथा दक्षिण अवंति की राजधानी महिष्मती थी। इन दोनों के मध्य नेत्रावती नदी बहती थी।

बुद्ध काल में अवंति की राजधानी उज्जयनी थी। यहां का राजा प्रद्योत था। प्रद्योत के समय संपूर्ण मालवा तथा पूर्व एवं दक्षिण के कुछ प्रदेश अवंति राज्य के अधीन हो गये।

कालांतर में मगध के हर्यक कुल के अंतिम शासक नागदशक के काल में उसके अमात्य शिशुनाग द्वारा अवंति राज्य पर आक्रमण किया तथा प्रद्योग वंश के अंतिम शासक नंदिवर्धन को पराजित किया।

मौर्य काल

नंद वंश को हराकर चंद्रगुप्त ने मौर्य साम्राज्य की स्थापना। चंद्रगुप्त एक विशाल साम्राज्य का अधिष्ठाता था, और उसके साम्राज्य में मैसूर के उत्तर का संपूर्ण भारत आता था। चंद्रगुप्त मौर्य का पौत्र अशोक, भारतीय इतिहास का महान् शासक था। अपने पिता बिंदुसार के समय अशोक लगभग 11 वर्षों तक अवंति (मालवा) का शासक रहा। अशोक ने अपना विवाह विदिशा के नगर सेठ की पुत्री देवी से किया। संघमित्रा एवं महेंद्र जिन्हें अशोक ने बौद्ध धर्म के प्रचार के लिए श्रीलंका भेजा था। इसी पत्नी से जन्मे थे।

मौर्ययुगीन सम्राट अशोक के द्वारा निर्मित लघुशिला लेखों में निम्न का संबंध वर्तमान म.प्र. राज्य से था–(1) रुपनाथ जबलपुर के सिहोरा तहसील का एक गांव, (2) गुर्जरा (दतिया), (3) सारोमारो (शहडोल), (4) पानगुरादिया (सीहोर), (5) सांची (रायसेन) में अशोक के शिलालेख इस बात का प्रमाण हैं कि मौर्य वंश का म.प्र. से घनिष्ठ संबंध था।

शुंग काल

मालविकाग्निमित्रम से पता चलता है कि पुष्य मित्र शुंग का पुत्र अग्नि मित्र विदिशा का राज्यपाल था। उसने विद्र्भ का राज्यपाल अपने मित्र माधवसेन को बनाया।

इस काल में सतना जिले में भरहूत के विशाल स्तूप का निर्माण कराया गया। इस काल में सांची में तीन स्तूपों का निर्माण हुआ। इसमें एक विशाल तथा दो लघु स्तूप हैं। 14वें वर्ष में तक्षशिला के पवन नरेश एंटियासकिडाल के राजदूत हेलियोडोरश ने विदिशा के समीप बंसगनर में गरुड़ स्तंभ की स्थापना की।

भरहुत—सतना जिले में एक विशाल स्तूप का निर्माण हुआ था। इसके अवशेष आज अपने मूल स्थान पर नहीं हैं, परंतु उसकी वेष्टिनी का एक भाग तोरण भारतीय संग्रहालय कोलकाता तथा प्रयाग संग्रहालय में सुरक्षित है। 1875 ई. में कनिंघम द्वारा जिस समय इसकी खोज की गई उस समय तक इसका केवल (10 फुट लम्बा और 6 फुट चौड़ा) भाग ही शेष रह गया था।

सांची (काकनादबोट)—1818 ई. में सर्वप्रथम जनरल टेलर ने यहां के स्मारकों की खोज की थी। 1818 ई. में मेजर कोल ने स्तूप संख्या 1 को भरवाने के साथ उसके दक्षिण पूर्व तोरणद्वारों तथा स्तूप के तीन गिरे हुए तोरणों को पुनः खड़ा करवाया।

यहां पर इस काल में तीन स्तूपों का निर्माण हुआ है जिनमें, एक विशाल तथा दो लघु स्तूप हैं। महास्तूप में भगवान बुद्ध के, द्वितीय में, अशोककालीन धर्म प्रचारकों के तथा तृतीय में, बुद्ध के दो प्रमुख शिष्यों सारिपुत्र तथा महामोदग्लायन के दंत अवशेष सुरक्षित हैं।

कुषाण काल

सांची व भेड़ाघाट से कनिष्क संवत् 28 का एक लेख मिला है। यह वासिष्क का है तथा बौद्ध प्रतिमा पर खुदा हुआ है।

कनिष्क के राज दरबार में निम्न विद्वानों की उपस्थिति थी—1. अश्वघोष (राजकवि)-रचना (बुद्धचरित्र, सौदरानंद व सारिपुत्रप्रकरण), 2. आचार्य नागार्जुन, 3. पार्श्व, 4. वसुमित्र, 5. मातृचेट, 6. संघरक्ष, 7. चरक (चरक संहिता ग्रंथ)।

कुषाणों का स्थान भारशिव नाग वंश ने लिया, जिनकी राजधानी पद्मावती थी।

सातवाहन काल

मध्य प्रदेश से प्राप्त अवशेषों से सातवाहन युग की स्थिति का भी ज्ञान प्राप्त होता है। गौतमी पुत्र सातकर्णी की नासिक गुफा लेख के अनुसार विदर्भ का प्रांत उसके अधिकार में था।

त्रिपुरी के उत्खनन से सातवाहन वंशी सीसे के सिक्के प्राप्त हुए हैं। नर्मदा नदी के तट पर स्थित जमुनियां नामक ग्राम से जो सिक्के प्राप्त हुये हैं उनके अनुसार यह कहा जा सकता है, कि जबलपुर का चातुर्दिक प्रदेश प्रथम ईसा पूर्व शताब्दी में सातवाहन वंश के पूर्ववर्ती शासकों के अधिकार में था।

पूर्ववत्ती सातवाहनों के सिक्के एरण, उज्जयनी तथा मालवा के सिक्कों से संबंध रखते हैं, परंतु परवर्ती सातवाहन कालीन सिक्कों के एक तल पर हस्ति चिह्न होने के कारण उन सिक्कों का संबंध दक्षिण भारतीय कोरोमंडल तट तथा उज्जैन से स्पष्टतया प्रकट होता है।

गुप्त काल

गुप्तवंश का राज्यकाल इतिहास में स्वर्ण युग के नाम से विख्यात है। कला और संस्कृति इस युग में अपनी चरम सीमा पर थी। इस वंश के प्रतापी राजा समुद्रगुप्त (335 380 ई.) ने

म.प्र. और दक्षिणापथ के राजाओं पर विजय प्राप्त की। इलाहाबाद स्तम्भ अभिलेख में अंकित है कि समुद्रगुप्त रीवां होते हुए महाकौशल प्रदेश में प्रविष्ट हुआ।

जिन 18 प्रदेशों को समुद्रगुप्त ने साम्राज्य में सम्मलित किया उनमें चेदि देश भी था जिसकी राजधानी त्रिपुरी थी।

समुद्रगुप्त ने विदिशा-एरण क्षेत्र के शासक श्री धरवर्मन पर आक्रमण किया और उसे पराजित किया। एरण के एक शिलालेख में समुद्रगुप्त के नाम का उल्लेख है।

शक शक्ति का पराभाव समुद्रगुप्त के पुत्र और उत्तराधिकारी, चंद्रगुप्त द्वितीय के हाथों हुआ। चंद्रगुप्त ने न केवल मालवा पर अधिकार किया, बल्कि गुप्त साम्राज्य की सीमा पश्चिम में अरब सागर तक पहुंचा दी। चंद्रगुप्त ने विक्रमादित्य की उपाधि धारण की।

स्कंदगुप्त के राजत्वकाल में हूणों के बर्बर आक्रमण प्रारंभ हो गए। हूण मध्य एशिया की बर्बर जाति थी, और उस काल में मानव जाति की सबसे बड़ी शत्रु जाति थी।

स्कंदगुप्त ने हूणों को करारी मात दी, और गुप्त साम्राज्य को नष्ट होने से बचा लिया। एक दो पीढ़ी के बाद ही हूण पहले तोरमाण और फिर उसके पुत्र मिहिर कुल के नेतृत्व में आगे बढ़ने लगे। एरण में तोरमाण तथा ग्वालियर के किले में मिहिरकुल के शिलालेख मिले हैं। शीघ्र ही नरसिंह गुप्त ने उन्हें पराजित किया।

उसी समय मंदसौर में, लगभग 525 ई. में यशोबर्मन का उदय हुआ। यशोबर्मन के नेतृत्व में आर्यों ने हूणों के खतरे का अंत कर दिया। यशोबर्मन, राजनीतिक गगन में एक पुच्छल तारे के समान प्रकाश बिखराते हुए अंधेरे में विलीन हो गया।

वाकाटक वंश—वाकाटकों का राज्य विदर्भ तथा मध्य भारत के भू-भाग में फैला हुआ था। इसका एक शिलालेख चांदा जिले में देवरेक गांव में मिलता है।

प्रवरसेन द्वितीय के ताम्रपत्रों में बहुत से प्रदेशों का उल्लेख किया गया है जो सिवनी, वर्धा, इलिचपुर, बालाघाट, छिंदवाड़ा और भंडारा जिलों से प्राप्त हुये हैं।

गुप्तोत्तर काल

राष्ट्रकूट वंश

- मध्य प्रदेश के अंतर्गत विदर्भ प्रांत पर दो सौ वर्षों से अधिक काल तक राष्ट्रकूटों का राज्य रहा। इस वंश की अनेक शाखाएं थीं। उनमें से सबसे प्राचीन शाखा बैतूल के निकटवर्ती क्षेत्रों पर राज्यारूढ़ रही। यह साक्ष्य बैतूल तथा अकोला जिले से प्राप्त तीन दान पत्रों से स्पष्ट ज्ञात होती है।
- इस वंश का प्रभाव वस्तुत: स्थान सीमित होता है। कुछ समयोपरांत विदर्भ मान्यखेर के विस्तृत राज्य में सम्मिलित हो गया। मान्यखेर की शाखा से संबंध रखने वाले पांच ताम्रलेख और तीन शिलालेख ऐसे प्राप्त हुये हैं जिससे, यह प्रतीत होता है कि इस राज परिवार शाखा का शासन इस प्रांत पर दो सौ वर्षों तक रहा।
- राष्ट्रकूट वंश के शासकों के अंतिम समय में इस वंश का प्रभाव उत्तर की ओर बढ़ गया था, क्योंकि अंतिम शासक कृष्ण तृतीय का नाम छिंदवाड़ा जिले के नीलकण्ठी शिलालेख में भी आता है तथा इसी की प्रशस्ति से युक्त एक शिलालेख मध्य प्रदेश की उत्तरी सीमा पर मैहर की पश्चिम दिशा में लगभग बारह मील दूर जूरा नामक ग्राम से प्राप्त हुआ है।

- परिवर्ती राष्ट्रकूट शासकों के वैवाहिक संबंध त्रिपुरी के कलचुरियों से हुये थे। राष्ट्रकूट राजवंश की एक शाखा पहले होशंगाबाद के निकटवर्ती प्रदेश पर शासन करती थी। राष्ट्रकूट वंश के एक अन्य राजा गोल्हवदेव का उल्लेख लगभग बारहवीं शताब्दी के बाहुरीबंद स्थान में स्थित जैन-मूर्ति लेख से प्राप्त होता है। संभवत: यह त्रिपुरी के कलचुरि राजवंश का सामंत था।

मालवा का परमार वंश

- परमार वंशीय शासक राष्ट्रकूट राजाओं के सामंत थे। इस वंश के शासक हर्ष अथवा सीयक द्वितीय ने 945 ई. में स्वयं को स्वतंत्र घोषित किया तथा नर्मदा नदी के तट पर तत्कालीन राष्ट्रकूट शासक खोट्टिग को परास्त किया।
- वाकपति मुंज ने धार में मुंजसागर झील का निर्माण करवाया। मुंज की मृत्यु के पश्चात् सिंधुराज शासक बना। सिंधुराज के पश्चात् उसका पुत्र भोज गद्दी पर आसीन हुआ। चालुक्य नरेश सोमेश्वर द्वितीय ने उसकी राजधानी धारा नगरी पर आक्रमण किया जिसमें भोज पराजित हुआ। यह जानकारी नागाई लेख से प्राप्त होती है।
- भोजकाल में धारा नगरी विद्या तथा कला का महत्त्वपूर्ण केंद्र थी। यहां अनेक महल व मंदिर बनवाये गये। इसमें सरस्वती मंदिर सर्वप्रमुख था। भोज ने भोपाल के दक्षिण-पूर्व में 250 वर्ग मील लम्बी एक झील का निर्माण करवाया जो भोजसर के नाम से प्रसिद्ध है।

चंदेल वंश

- चंदेल वंश की स्थापना 831 ई. में नन्नुक द्वारा की गई। यशोवर्मन द्वारा राष्ट्रकूटों से कालिंजर का दुर्ग जीता तथा मालवा के चेदिल शासक को अपने अधीन कर लिया। यशोवर्मन ने ही खजुराहो में विष्णु मंदिर का निर्माण करवाया था।
- यशोवर्मन के पश्चात् उसका पुत्र धंग राजा बना, उसके कालिंजर पर अपना अधिकार सुदृढ़ कर उसे अपनी राजधानी बनाया। इसके उपरांत ग्वालियर पर अपना अधिकार जमाया। धंग द्वारा खजुराहो में विश्वनाथ, वैद्यनाथ तथा पार्श्वनाथ के मंदिर बनवाये गये। गंड द्वारा जगदंबी तथा चुत्रगुप्त के मंदिर बनवाए गये। विद्याधर ने मालवा के परमार शासक भोज व त्रिपुरी के कलचुरि शासक गांगेयदेव को हटाकर उसे अपने अधीन कर लिया।

  विद्याधर की मृत्यु के पश्चात् उसके पुत्र विजयपाल तथा पौत्र देववर्मन के काल में चंदेल, कलचुरि-चेदि वंशी शासकों जैसे गांगेय देव व कर्ण की अधीनता स्वीकार करते थे।

कलचुरि वंश

- मध्य प्रदेश में कलचुरि नाम जनश्रुत्रियों, लेखों तथा मूर्तियों के द्वारा सर्वविदित है। मध्य प्रदेश के उत्तरी भाग में कलचुरि काल की अगणित मूर्तियां बिखरी पड़ी हैं। जबलपुर, दमोह, करनी तथा होशंगाबाद जिला में ऐसा गांव नहीं है जो इस काल की कला से अछूता हो। कलचुरि राजवंश की दो शाखायें थीं– 1. त्रिपुरी, 2. रतनपुर।
- इस वंश के प्रथम शासक कोक्कल ने नवी शताब्दी ईस्वी के अंतिम काल में जबलपुर के उत्तर की ओर फैले हुये डाहल नामक प्रदेश पर विजय प्राप्त कर उस क्षेत्र को अपने 18 पुत्रों में बांट दिया।

- सबसे बड़ा पुत्र त्रिपुरी का शासक हुआ तथा बिलासपुर का पार्श्ववर्ती क्षेत्र कनिष्ठ पुत्र के भाग में आया। प्राप्त लेखों में त्रिपुरी शाखा के 15 शासकों का उल्लेख मिलता है। यद्यपि त्रिपुरी शाखा की राजधानी त्रिपुरी थी। कलचुरि वंश के प्रारंभिक राजाओं के लेख मुख्यतः विंध प्रदेश के रीवां राज्य तथा कटनी, दमोह जैसे स्थानों में जो मध्य प्रदेश की उत्तरी सीमा पर है, मिलते हैं। कारीतलाई, छोटी देवरी, सागर आदि के क्षेत्रों से इस वंश के सबसे प्राचीन लेख प्राप्त हुये हैं।

  कलचुरी वंश का सबसे प्रतापी शासक कर्ण था। उसके शासन काल में कलचुरि साम्राज्य का भौगोलिक विस्तार सबसे अधिक था। कर्ण के साम्राज्य की सीमांतर में प्रयाग, कौशाम्बी, बीरभूम तथा बनारस तक पहुंच गयी थी।

मध्यकालीन इतिहास

दिल्ली सल्तनत काल

- म.प्र. में 10वीं शताब्दी से ही आक्रमण प्रारंभ हो चुके थे। म.प्र. में गौरी एवं ऐबक ने हमला किया। मुहम्मद गोरी ने ग्वालियर के लोहंगदेव (सल्लक्षण) को हराया था।
- ऐबक ने अंतिम चंदेल राजा परिमल देव को हराकर 1202 ई. में कांलिजर को जीता।
- इल्तुमिश ने माण्डू, ग्वालियर एवं मालवा पर विजय की तथा उज्जैन में महाकालेश्वर मंदिर को लूटा।
- अलाउद्दीन खिलजी के शासन काल में सन् 1305 में मालवा को खिलजी साम्राज्य का अंग बना लिया था।
- 14वीं शताब्दी के अंत तक मालवा पहले खिलजी, और तत्पश्चात् तुगलक सुल्तानों के साम्राज्य का एक प्रदेश बना रहा, और उनके गवर्नर नियुक्त होते रहे। तैमूर के आक्रमण से उत्पन्न गड़बड़ी की स्थिति में दिल्ली के सुल्तान का साम्राज्य छिन्न-भिन्न हो गया।
- मालवा के तत्कालीन गवर्नर दिलावर खां गोरी ने सन् 1401 में स्वतंत्र घोषित कर दिया। दिलावर खां का पुत्र, अलप खां, जिसने हुशंगशाह की उपाधि धारण की, हुशंगशाह ने होशंगाबाद की नींव रखी। हुशंगशाह का संगमरमर का मकबरा जो कि मांडु में स्थापित है अत्यंत भव्य और दर्शनीय है।
- सन् 1436 में मालवा का राज्य महमूद खां खिलजी ने हथिया लिया, और तब से खिलजी वंश के शासक वहां राज करते रहे। 1535 में गुजरात के बहादुर शाह ने माण्डु पर अधिकार कर लिया और इस तरह से मालवा की स्वतंत्रता का लोप हो गया।

मुगल काल

- बाबर ने 29 जनवरी 1528 ई. को मालवा के सूबेदार मेदनीराय को पराजित कर चंदेरी पर अपना अधिकार जमाया। बाबर के पश्चात् मुगल शासक हुमायूं ने सम्पूर्ण मालवा को जीतकर मुगल साम्राज्य में मिला लिया। कन्नौज के बिलग्राम के युद्ध में शेरशाह ने मुगल सम्राट हुमायूं को पराजित कर उसके राज्य के माण्डू, उज्जैन, सारंगपुर इत्यादि क्षेत्र पर अधिकार कर लिया। उसने 1545 ई. में बुंदेलखण्ड के कालिंजर किले पर आक्रमण किया जिसमें बारूद फटने से शेरशाह की मृत्यु हो गई। यह किला कीरत सिंह के कब्जे में था।

- मुगल सम्राट अकबर ने आधम खां का 1561 ई. में मालवा पर आक्रमण हेतु भेजा।
- आधम खां ने बाज बहादुर को परास्त कर मालवा पर अधिकार कर लिया। अकबर ने रानी दुर्गावती के गोंडवाना प्रदेश पर आसफ खां को भेजा। इसमें मुगल सेना की विजय हुई।
- अकबर द्वारा 1579 ई. में कालिंजर के किले पर अपना अधिकार कर लिया। अकबर ने 1601 ई. में असीरगढ़ के किले पर अपना अधिकार जमाया। औरंगजेब के काल में मालवा तथा बुंदेलखण्ड में विद्रोह हुये।

मराठा साम्राज्य

- मराठों के उत्कर्ष और ईस्ट इण्डिया कंपनी के आगमन के साथ मध्य प्रदेश में इतिहास का नया युग प्रारंभ हुआ। पेशवा बाजीराव ने उत्तर भारत की योजना का प्रारंभ किया। विंध्यप्रदेश में चंपत राय ने औरंगजेब की प्रतिक्रियावादी नीतियों के खिलाफ संघर्ष छेड़ दिया था।
- चंपतराय के पुत्र छत्रसाल ने इसे आगे बढ़ाया। उन्होंने विंध्यप्रदेश तथा उत्तरी मध्य भारत व कई क्षेत्र व महाकौशल के सागर आदि जीत लिए थे। मुगल सूबेदार बंगश से टक्कर होने पर उन्होंने पेशवा बाजीराव को सहायतार्थ बुलाया व फिर दोनों ने मिलकर बंगश को पराजित किया।
- इस युद्ध में बंगश को स्त्री का वेश धारण कर भागना पड़ा था। इसके बाद छत्रसाल ने पेशवा बाजीराव को अपना तृतीय पुत्र मानकर सागर, दमोह, जबलपुर, शाहगढ़, खिमलासा और गुना, ग्वालियर के क्षेत्र प्रदान किए। पेशवा ने सागर, दमोह में गोविंद खेर को अपना प्रतिनिधि नियुक्त किया। उसने बालाजी गोविंद को अपना कार्यकारी बनाया। जबलपुर में बीसा जी गोविंद की नियुक्ति की गई।
- गढ़ा मंडला में गोंड राजा नरहरि शाह का राज्य था। मराठों के साथ संघर्ष में आबा साहब मोरो व बापूजी नारायण ने उसे हराया। कालांतर में पेशवा ने रघुजी भोंसले को इधर का क्षेत्र दे दिया। भोंसले के पास पहले से नागपुर का क्षेत्र था। यह व्यवस्था अधिक समय तक नहीं टिक सकी। अंग्रेज सारे देश में अपना प्रभाव बढ़ाने में लगे हुए थे।
- मराठों के आंतरिक कलह से उन्हें हस्तक्षेप का अवसर मिला। सन् 1818 में पेशवा को हराकर उन्होंने जबलपुर-सागर क्षेत्र रघुजी भोंसले से छीन लिया। सन् 1817 में लार्ड हेस्टिंग्स ने नागपुर के उत्तराधिकार के मामले में हस्तक्षेप किया और अप्पा साहब को हराकर नागपुर एवं नर्मदा के उत्तर का सारा क्षेत्र मराठों से छीन लिया।
- उनके द्वारा इसमें निजाम का बरार क्षेत्र भी शामिल किया गया। सहायक संधि के बहाने बरार को वे पहले ही हथिया चुके थे। इस प्रकार अंग्रेजों ने मध्य प्रांत व बरार को मिला-जुला प्रांत बनाया। महाराज छत्रसाल की मृत्यु के बाद विंध्यप्रदेश, पन्ना, रीवां, बिजावर, जयगढ़ नागौद आदि छोटी-छोटी रियासतों में बंट गया।
- अंग्रेजों ने उन्हें कमजोर करने के लिए आपस में लड़ाया और संधियां कीं। अलग-अलग संधियों के माध्यम से इन रियासतों को ब्रिटिश साम्राज्य के संरक्षण में ले लिया गया।
- सन् 1722–23 में पेशवा बाजीराव ने मालवा पर हमला कर लूटा था। राजा गिरधर बहादुर नागर उस समय मालवा का सूबेदार था। उसने मराठों के आक्रमण का सामना किया। जयपुर नरेश सवाई जयसिंह मराठों के पक्ष में था। पेशवा के भाई चिमनाजी अप्पा ने गिरधर बहादुर और उसके भाई दयाबहादुर के विरुद्ध मालवा में कई अभियान किए।

- सारंगपुर के युद्ध में मराठों ने गिरधर बहादुर को हराया। मालवा का क्षेत्र उदासी पवार और मल्हार राव होलकर के बीच बंट गया। बुरहानपुर से लेकर ग्वालियर तक का भाग पेशवा ने सरदार सिंधिया को प्रदान किया।
- इसके साथ ही सिंधिया ने उज्जैन, मंदसौर तक का क्षेत्र अपने अधीन किया। सन् 1731 में अंतिम रूप से मालवा मराठों के तीन प्रमुख सरदारों पवार (धार एवं देवास) होल्कर (पश्चिम निमाड़ से रामपुर-भानपुरा तक) और सिंधिया (बुहरानपुर, खंडवा, टिमरनी, हरदा, उज्जैन, मंदसौर व ग्वालियर) के अधीन हो गया।
- भोपाल पर भी मराठों की नजर थी। हैदराबाद के निजाम ने मराठों को रोकने की योजना बनाई, लेकिन पेशवा बाजीराव ने शीघ्रता की और भोपाल जा पहुंचा तथा सीहोर, होशंगाबाद का क्षेत्र उसने अधीन कर लिया। सन् 1737 में भोपाल के युद्ध में उसने निजाम को हराया। युद्ध के उपरांत दोनों की संधि हुई। निजाम ने नर्मदा-चंबल क्षेत्र के बीच सारे क्षेत्र पर मराठों का आधिपत्य मान लिया।
- रायसेन में मराठों ने एक मजबूत किले का निर्माण किया। मराठों के प्रभाव के बाद एक अफगान सरदार दोस्त मोहम्मद खां ने भोपाल में स्वतंत्र नवाबी की स्थापना की। बाद में बेगमों का शासन आने पर उन्होंने अंग्रेजों से संधि की और भोपाल अंग्रेजों के संरक्षण में चला गया।
- अंग्रेजों ने मराठों के साथ पहले, दूसरे, तीसरे, चौथे युद्ध में क्रमशः पेशवा, होल्कर, सिंधिया और भोंसले को परास्त किया। पेशवा बाजीराव द्वितीय के काल में मराठा संघ में फूट पड़ी और अंग्रेजों ने उसका लाभ उठाया।
- मध्य भारत में सेंट्रल इंडिया एजेंसी स्थापित की गई। मालवा कई रियासतों में बंट गया। इन रियासतों पर प्रभावी नियंत्रण हेतु महू-नीमच, आगरा, बैरागढ़ आदि में सैनिक छावनियां स्थापित कीं।

आधुनिक इतिहास

- ईस्ट इण्डिया कम्पनी के आगमन के साथ मध्य प्रदेश के इतिहास में एक नये युग का सूत्रपात हुआ। पेशवा बाजीराव ने उत्तर भारत को विजित करने की योजना बनाई। इसी समय छत्रसाल ने मुगल सूबेदार बंगश से टक्कर होने पर उसने पेशवा बाजीराव को सहायतार्थ बुलाया। दोनों ने मिलकर बंगश को पराजित किया।
- छत्रसाल ने पेशवा बाजीराव को दमोह, सागर, शाहगढ़, धामोनी, खिमलासा, गुना तथा ग्वालियर के क्षेत्र में प्रदान किए। गढ़ मण्डला ने गोंड शासक राजा नरहरि शाह का शासन था। अप्पा साहब मोरे तथा बापूजी नारायण के नेतृत्व में मराठों ने उसे पराजित किया। इस समय अंग्रेज भारत में अपना प्रभाव बढ़ाने में लगे हुये थे। मराठों की आंतरिक कलह से अंग्रेजों को हस्तक्षेप करने का मौका मिला। उन्होंने 1818 में पेशवा को हटाकर रघुजी भोंसले से जबलपुर सागर का क्षेत्र छीन लिया।
- 1817 में अंग्रेजों ने नागपुर उत्तराधिकारी मामले में हस्तक्षेपकर अप्पा साहब को हटाकर नागपुर एवं नर्मदा के उत्तर का समस्त क्षेत्र मराठों से छीन लिया। सहायक संधि के बहाने अंग्रेज बरार को पहले ही ले चुके थे। अत: अंग्रेजों ने मध्य प्रांत तथा बरार को मिला-जुला प्रांत बनाया।
- छत्रसाल की मृत्यु के पश्चात् विंध प्रदेश, रीवां, पन्ना, जयगढ़, बिजावर, नागौद इत्यदि छोटी-छोटी रियासतों में विभाजित हो गया।

अलग-अलग संधियों के द्वारा इन रियासतों को ब्रिटिश साम्राज्य के संरक्षण में ले लिया गया। 1722-23 ई. में बाजीराव ने मालवा पर हमला किया तथा उसे लूट लिया।

- मालवा का क्षेत्र पवार तथा मल्हार राव होल्कर के मध्य विभाजित किया गया। बुरहानपुर से ग्वालियर तक का क्षेत्र पेशवा द्वारा सिंधिया को प्रदान किया गया।
- सिंधिया द्वारा उज्जैन तथा मंदसौर तक का क्षेत्र अपने अधिकार में लिया गया। अंततः मालवा मराठों के तीन प्रमुख सरदारों जैसे सिंधिया (खंडवा, बुरहानपुर, हरदा, टिमरनी, उज्जैन, मंदसौर व ग्वालियर) होल्कर (निमाड़ से रामपुर, भानपुरा तक) तथा पवार (धार एवं देवास) के अधीन हो गया। मराठे भोपाल को भी विजित करना चाहते थे।
- निजाम ने मराठों को रोकने के लिए एक योजना बनाई, लेकिन बाजीराव ने शीघ्रता से भोपाल पर आक्रमण किया और उससे सीहोर, होशंगाबाद का क्षेत्र अपने अधीन कर लिया। उसने 1737 में भोपाल के युद्ध में निजाम को पराजित किया। निजाम तथा मराठों के मध्य संधि हुई। निजाम ने नर्मदा-चंबल क्षेत्र के मध्य के सारे भाग पर मराठों का आधिपत्य स्वीकार कर लिया।
- मराठों के प्रभाव के पश्चात् एक अफगान सरदार दोस्त मोहम्मद खां ने भोपाल में एक स्वतंत्र राज्य की स्थापना की।
- पेशवा बाजीराव द्वितीय के काल में मराठा संघ में फूट पड़ी अंग्रेजों द्वारा इसका लाभ उठाया गया। अंग्रेजों ने सिंधिया से पूर्वी निमाड़ और हरदा-टिमरनी छीन लिया तथा मध्य प्रांत में मिला लिया। मालवा को कई रियासतों में बांट दिया गया। इन रियासतों पर प्रभावी नियंत्रण हेतु सैनिक छावनियां स्थापित की गयीं।

सन् 1857 का विद्रोह

- 1857 की क्रांति में मध्य प्रदेश का महत्त्वपूर्ण स्थान था। 10 मई, 1857 में मेरठ में सैनिकों द्वारा विद्रोह किया गया। इस विद्रोह की आग मध्य प्रदेश तक फैल गयी।
- 3 जून 1857 में मध्य प्रदेश की आग मध्य प्रदेश में क्रमशः नीमच, मंदसौर तथा ग्वालियर में विद्रोह हुआ। जुलाई 1857 में शिवपुरी, इंदौर, महू तथा सागर में विप्लव फैल गया। 14 जून 1857 तथा 20 जून 1857 में क्रमशः मुरार छावनी तथा शिवपुरी में विद्रोह आरंभ हुआ।
- जुलाई 1857 में अमझेटा, सरदार खुरा तथा भोपावार में विद्रोह प्रारंभ हुआ। अगस्त 1857 में सागर तथा नर्मदा घाटी के समस्त प्रदेशों में असैनिक विद्रोह प्रारम्भ हुआ। ग्वालियर में झांसी की रानी तथा तांत्यां टोपे ने विद्रोह की कमान संभाल ली। अंततः अंग्रेजों ने 28 जून 1858 में अंग्रेजों द्वारा इन दोनों की संयुक्त सेना को पराजित किया गया।
- इस युद्ध में झांसी की रानी वीर गति को प्राप्त हो गई लेकिन तात्या टोपे बच निकले। कुछ समय पश्चात् तात्या टोपे सिंधिया के सामंतों द्वारा पकड़ लिये गये और उन्हें अंग्रेजों के हाथों में सौप दिया गया। अंग्रजों ने तांत्यां टोपे को शिवपुरी में फांसी दे दी।
- 3 जून 1857 ई. में नीमच के सैनिकों द्वारा वहां की छावनी में आग लगा दी गयी। 14 जून 1857 को ग्वालियर के समीप मुरार छावनी में सैनिक विद्रोह आरंभ हुआ।
- ग्वालियर तथा शिवपुरी के मध्य सैनिकों द्वारा संचार व्यवस्था को नष्ट कर दिया गया जिससे संपर्क लाइन बाधित हो गयी। 20 जून 1857 में जब शिवपुरी में विद्रोह भड़का तो अंग्रेज अधिकारियों को गुना छोड़कर भागना पड़ा।

- जुलाई 1857 ई. में सादात खां के नेतृत्व में इंदौर जा रही सेना पर विद्रोहियों द्वारा हमला किया गया। अंग्रेजी सेना को असफलता हाथ लगी। हालांकि सभी अंग्रेजी अधिकारी इंदौर में ही मौजूद थे लेकिन विद्रोहियों के आक्रामक रुख के कारण वे अपने परिवारों के साथ सीहोर चले गये।
- महू में भी जुलाई 1857 में विद्रोह प्रारम्भ हुआ तथा सैनिकों ने भी इसमें भरपूर साथ दिया। इस समय दिल्ली के शहजादा हुमायूं द्वारा मंदसौर जाकर मेवाती, सिंधिया तथा बनावली सेना के कुछ सैनिकों की सहायता से एक स्वतंत्र राज्य की स्थापना की जो फिरोजशाह के नाम से मंदसौर का राजा बन गया।
- मंडलेश्वर की सेना की टुकड़ी ने सेंट्रल जेल पर हमला बोल दिया। यहां पर भीमा नायक एक आदिवासी के नेतृत्व में भी विद्रोह हुये।
- मण्डला जिले के रामगढ़ रियासत की अवंतीबाई ने भी अंग्रेजों के विरुद्ध युद्ध किया। उसने मण्डला की सीमा पर खेड़ी गांव में अपना मोर्चा स्थापित किया एवं सेनापति वार्डन को क्षमा मांगनी पड़ी। रानी अवंतीबाई ने रामगढ़ के तहसीलदार पर हमला कर दिया।
- तीन माह के कड़े संघर्ष के बाद रानी रामगढ़ छोड़कर देवहारगढ़ के जंगल की ओर चली गयी। अंगेजों ने उसका जंगल में पीछा किया। जंगल में दोनों के मध्य युद्ध प्रारंभ हुआ। जब रानी को यह लगा कि वह पकड़ी जा सकती हैं तो उन्होंने आत्महत्या कर ली।

स्वतंत्रता आंदोलन

- भारतीय राष्ट्रीय कांग्रेस का गठन 1855 ई. में गठन मुम्बई में किया गया। भारतीय राष्ट्रीय कांग्रेस ने लोगों में राष्ट्रीय चेतना जगाने का प्रयास किया। इसी बीच खंडवा से "सुबोध सिन्धु" व जबलपुर से "जबलपुर टाइम्स" का प्रकाशन प्रारंभ किया गया।
- पंडित माखनलाल चतुर्वेदी ने अपने पत्र कर्मवीर के माध्यम से इसके प्रचार में नई दिशा दी। 1907 में जबलपुर में एक क्रांतिकारी दल का गठन किया गया।
- 1923 में जबलपुर में सत्याग्रह देवदास गांधी, राजगोपालाचार्य तथा डॉ. राजेंद्र प्रसाद ने किया।
- जबलपुर के सेठ गोविंददास व पंडित द्वारिका प्रसाद मिश्र के नेतृत्व में 6 अप्रैल 1930 को नमक सत्याग्रह की शुरुआत की। इसी वर्ष में जंगल सत्याग्रह का आरंभ हुआ।
- 1916 ई. में राज्य के सिवनी जिले में स्वतंत्रता आंदोलन आरंभ हुआ। 1922 ई. तें भोपाल रियासत के सीहोर क्षेत्र में कोतवाली के सामने विदेशी फेल्ट केप की होली दिखाई दी।
- 1938 ई. में भोपाल राज्य प्रजामण्डल की स्थापना की गई। इसमें मौलाना तरजी मशरिकी को सदर व चतुर नारायण मालवीय को मंत्री के रूप में चुना गया।
- बैतूल जिले के घोड़ा-डोंगरी के आदिवासियों ने भी नमक आंदोलन में महत्वपूर्ण भूमिका निभाई। 1930 ई. में हुये जंगल सत्याग्रह का नेतृत्व शाहपुर के निकट स्थित बंजारी सिंह कोरकू द्वारा किया गया। रतलाम में 1920 ई. में कांग्रेस कमेटी की स्थापना की गई। इसके प्रथम अध्यक्ष के रूप में मोहम्मद उमरखान को नामित किया गया।
- मंडलेश्वर जेल में बंद क्रांतिकारियों ने 2 अक्टूबर 1942 को जेल के मुख्य द्वार का ताला तोड़कर विद्रोह का प्रदर्शन किया। हालांकि इन्हें अग्रेंजी सेना द्वारा पुनः पकड़ लिया गया।
- जनवरी 1939 में त्रिपुरी नामक स्थान पर राष्ट्रीय कांग्रेस का अधिवेशन संपन्न हुआ। यहां पर

सुभाष चंद्र बोस को इसका अध्यक्ष चुना गया। हालांकि उन्होंने अप्रैल 1939 में इस्तीफा दे दिया।

- 15 अगस्त 1947 ई. को भारत स्वतंत्र हुआ तब मध्य भारत व उसके अंतर्गत सभी रियासतों को मिलाकर मध्य प्रदेश नामक राज्य बना।

प्रदेश के इतिहास की प्रमुख तिथियां

648 ई.	मध्य प्रदेश कई छोटे-बड़े राज्यों में विभक्त हो गया।
1018–1060 ई.	मालवा के प्रमुख परमार शासक भोज का शासनकाल।
1019 ई.	ग्वालियर पर महमूद गजनी के आक्रमण।
1197 ई.	मुहम्मद गोरी का ग्वालियर पर आक्रमण।
1370 ई.	फारुखी वंश की स्थापना (इसका शासन निमाड़ जिले से ताप्ती घाटी तक था)।
1517 ई.	मेवाड़ के राणा सांगा की मालवा पर विजय।
1526 ई.	बाबर का ग्वालियर, चंदेरी और रायसेन पर अधिकार।
1722–23 ई.	पेशबा बाजीराव ने मालवा को लूटा।
1722–23 ई.	सारंगपुर युद्ध में मराठों ने गिरबहादुर को पराजित किया।
1737 ई.	भोपाल के युद्ध में पेशवा बाजीराव ने हैदराबाद के निजाम को पराजित किया।
1781 ई.	नरहरि शाह को सागर के मराठा सूबेदार ने परास्त किया।
1817 ई.	लार्ड हैस्टिंग्स ने नागपुर व नर्मदा के उत्तर का सारा क्षेत्र मराठों से छीन लिया।
1818 ई.	पेशवा को पराजित कर अंग्रेजों ने जबलपुर व सागर क्षेत्र रघुजी भोंसले से हथिया लिए।
1833 ई.	रामगढ़ नरेश जुझारु सिंह के पुत्र देवनाथ सिंह ने अंग्रेजी के विरुद्ध विद्रोह किया।
1842 ई.	हीरापुर के हीरेनशाह ने अंग्रेजों के विरुद्ध विद्रोह किया।
1858 ई.	रानी अवंतीबाई और अंग्रेजों के बीच युद्ध।
1891 ई.	नागपुर में कांग्रेस का सातवां अधिवेशन।
1922 ई.	सीहोर कोतवाली के समक्ष विदेशी फेल्ट हैट की होली जली।
1923 ई.	प्रदेश के प्रसिद्ध झण्डा सत्याग्रह का आरंभ।
1930 ई.	जबलपुर में सेठ गोविन्ददास एवं पं. द्वारिका प्रसाद मिश्र के नेतृत्व में नमक सत्याग्रह प्रदेश में आरंभ।
1930 ई.	जंगल सत्याग्रह का आरंभ।
1931 ई.	स्त्री सेवादल की स्थापना।
1935 ई.	प्रजा परिषद् की स्थापना।
1938 ई.	भोपाल राज्य प्रजामण्डल की स्थापना, खंडवा, सीहोर, रायपुर, जबलपुर आदि नगरों में नमक कानून तोड़ा गया।
1942 ई.	रायपुर में सूर षड़यंत्र केस की व्यूह रचना के अंतर्गत अनेक युवकों को गिरफ्तार किया गया।
1942 ई.	मध्य प्रदेश राज्य का निर्माण हुआ।
2000 ई.	मध्य प्रदेश को विभाजित कर छत्तीसगढ़ का निर्माण हुआ।

प्रश्नमाला

1. स्वतंत्रता संग्राम के प्रथम शहीद कुंवर चैनसिंह निम्नलिखित किस राज्य के राजकुमार थे?
   - (a) चंद्रपुर
   - (b) नरसिंहगढ़
   - (c) निम्बाहेड़ा
   - (d) रामगढ़

2. चंदेल शासकों के समय मध्यप्रदेश के किस क्षेत्र को 'जेजाकभुक्ति' कहा जाता था?
   - (a) बघेलखंड
   - (b) बुंदेलखंड
   - (c) नर्मदा घाटी
   - (d) रीवा-पन्ना प्रदेश

3. मध्यप्रदेश के किस जिले से हिंद-यूनानी शासक मिनेंडर के सिक्के मिले हैं?
   - (a) मंदसौर
   - (b) बालाघाट
   - (c) उज्जैन
   - (d) छतरपुर

4. मौर्य सम्राट अशोक द्वारा निर्मित लघु शिलालेखों में निम्नलिखित में से किसका संबंध मध्यप्रदेश से था?
   - (a) रूपनाथ
   - (b) गुर्जरा
   - (c) सारो मारो
   - (d) उपर्युक्त सभी

5. मध्य प्रदेश से प्राप्त अभिलेखों में किस अभिलेख में कुमार गुप्त को 'शरद कालीन सूर्य' की भांति बताया गया है?
   - (a) पवाया
   - (b) एरण
   - (c) तुमैन
   - (d) बेसनगर

6. किस वंश के शासकों ने खजुराहो को अपनी राजधानी बनाया?
   - (a) चंदेल
   - (b) कलचुरी
   - (c) हैहय
   - (d) बेंदेला

7. सम्राट अशोक ने विदिशा के श्रेष्ठी की पुत्री से विवाह किया उसका नाम क्या था?
   - (a) कनिष्ठा
   - (b) श्रीदेवी
   - (c) मिताली
   - (d) रत्नप्रिया

8. महान स्वतंत्रता संग्रामी शहीद चैनसिंह के दो वीर अंगरक्षकों की समाधि कहां बनाई गई है?
   - (a) दतिया
   - (b) सीहोर
   - (c) सिवनी
   - (d) दमोह

9. मध्य प्रदेश में नमक सत्याग्रह कब हुआ?
   - (a) 1925
   - (b) 1930
   - (c) 1932
   - (d) 1935

10. मध्य प्रदेश के झण्डा सत्याग्रह का निर्देशन किसने किया?
    - (a) देवदास गांधी
    - (b) मोहम्मद उमर खान
    - (c) मास्टर लाल सिंह
    - (d) लक्ष्मी नारायण सिंघल

11. नवदाटोली (पुरातात्विक स्थल) निम्न में से किससे संबद्ध है?
    - (a) ताम्र-पाषाण संस्कृति से
    - (b) लौह युग संस्कृति से
    - (c) पाषाण संस्कृति से
    - (d) हड़प्पा संस्कृति से

12. मध्य प्रदेश के शासक एवं उनके वंश से संबंधित कौन-सा जोड़ा गलत है?
   (a) राजा मानसिंह – तोमर वंश
   (b) कोकल्ल – कलचुरी वंश
   (c) यशोवर्मन – चंदेल वंश
   (d) धंग – परमार वंश

13. निम्नलिखित में से कौन-सा ग्रंथ परमार शासकों के इतिहास को बताता है?
   (a) मालविकाग्निमित्रम्   (b) नवसाहसांक चरित
   (c) सिद्धांत संग्रह   (d) तत्वप्रकाश

14. मध्य प्रदेश में सर्वप्रथम विद्रोह की शुरुआत कहां हुई?
   (a) महाकौशल   (b) बालाघाट
   (c) सिवनी   (d) झाबुआ

उत्तरमाला

1. (b)	2. (b)	3. (b)	4. (d)	5. (c)	6. (a)
7. (b)	8. (b)	9. (b)	10. (a)	11. (a)	12. (d)
13. (b)	14. (a)				

❑❑❑

शासन प्रणाली एवं पंचायती राज

- मध्य प्रदेश का विधानमण्डल एक सदनात्मक है जो राज्यपाल एवं विधानसभा से मिलकर बना है। वर्तमान समय में राज्य में 231 विधानसभा सदस्य जिनमें राज्यपाल द्वारा नामित एक सदस्य शामिल है। वर्तमान में श्रीमती ए.बी. लोबो एंग्लो इण्डियन समुदाय से नामित विधायक हैं।
- 29 लोकसभा तथा 11 राज्य सभा सदस्यों की संख्या निश्चित है। राज्य की 29 संसदीय निर्वाचन क्षेत्रों में से अनुसूचित जाति एवं अनुसूचित जनजाति के संसदीय निर्वाचन क्षेत्रों की संख्या क्रमशः 4 एवं 6 है।
- राज्य में विधानसभा के क्षेत्रों की संख्या 230 है, जिनमें अनुसूचित जाति व अनुसूचित जनजाति के क्षेत्रों की संख्या क्रमशः 34 व 38 है।

राज्यपाल

राज्यपाल की नियुक्ति भारत के राष्ट्रपति द्वारा की जाती है। व्यवहार में राज्यपाल की नियुक्ति संघीय मन्त्रिपरिषद् की सलाह पर राष्ट्रपति करते हैं। राज्यपाल को राज्य के उच्च न्यायालय के मुख्य न्यायाधीश द्वारा पद की शपथ दिलाई जाती है। इसका कार्यकाल पांच वर्ष का होता है। भारतीय संविधान के अनुसार राज्य की कार्यपालिका शक्ति राज्यपाल में निहित होती है।

मध्य प्रदेश के राज्यपाल

नाम	अवधि
1. श्री बी. पट्टभि सीतारमैया	01-11-1956—13-06-1975
2. श्री हरि विनायक पटास्कर	14-06-1957—10-02-1965
3. श्री के.सी. रेड्डी	11-02-1965—02-02-1966
4. जस्टिस पी.वी. दीक्षित (एक्टिंग)	03-02-1966—09-02-1966
5. श्री के.सी. रेड्डी	10-02-1966—07-03-1971
6. श्री सत्यनारायण सिन्हा	08-03-1971—13-10-1977
7. निरंजननाथ वांचू	14-10-1977—16-08-1978
8. चिप्पुदिरा मुथाना पुनाचा	17-08-1978—29-04-1980
9. श्री भगवत दयाल शर्मा	30-04-1980—25-05-1981
10. जस्टिस जी.पी. सिन्हा (एक्टिंग)	26-05-1981—09-07-1981
11. श्री भगवत दयाल शर्मा	10-07-1981—20-09-1983
12. जस्टिस जी.पी. सिन्हा (एक्टिंग)	21-09-1983—07-10-1983
13. श्री भगवत दयाल शर्मा	08-10-1983—14-05-1984
14. श्री के.एस. चान्डी	15-05-1984—30-11-1984
15. जस्टिस एन.डी. ओझा (एक्टिंग)	01-12-1987—29-12-1987
16. श्री के.एम. चांडी	30-12-1987—30-03-1989
17. श्रीमती सरला ग्रेवाल	31-03-1989—05-02-1990
18. कुंवर मेहमूद अली खान	06-02-1990—23-06-1993

Cont...

19. डॉ. मोहम्मद शफी कुरैशी	24-06-1993—21-04-1998
20. डॉ. भाई महावीर	22-04-1998—06-05-2003
21. श्री राम प्रकाश गुप्त	07-05-2003—01-05-2004
22. श्री कृष्णा मोहन सेठ (एक्टिंग)	02-05-2004—29-06-2004
23. डॉ. बलराम जाखड़	30-06-2004—29-06-2009
24. श्री रामेश्वर ठाकुर	30-06-2009—07-09-2011
25. श्री रामनरेश यादव	08-09-2011—08-09-2016
25. श्री ओम प्रकाश कोहली (एक्टिंग)	08-09-2016—23-01-2018
26. श्रीमती आनंदी बेन पटेल	24-01-2018—अब तक

मुख्यमंत्री

मुख्यमंत्री राज्य की कार्यपालिका शक्ति का वास्तविक प्रधान होता है। राज्यपाल, राज्य की विधानसभा में बहुमत दल के नेता को मुख्यमंत्री नियुक्त करता है। मुख्यमंत्री की सलाह पर राज्यपाल द्वारा मंत्रिमण्डल के अन्य सदस्यों की नियुक्ति की जाती है, मंत्रिमण्डल सामूहिक रूप से विधानसभा के प्रति उत्तरदायी होता है। मुख्यमंत्री राज्यपाल एवं मंत्रिपरिषद् के बीच की कड़ी के रूप में कार्य करता है।

मध्य प्रदेश के मुख्यमंत्री

नाम	अवधि
1. श्री रविशंकर शुक्ल	01-11-1956—31-12-1956
2. श्री भगवंत राव मण्डलोई	01-01-1957—30-01-1957
3. श्री कैलाश नाथ काटजू	31-01-1957—14-04-1957
4. श्री कैलाश नाथ काटजू	15-04-1957—11-03-1962
5. श्री भगवंत राव मण्डलोई	12-03-1962—29-09-1963
6. श्री द्वारका प्रसाद मिश्रा	30-09-1963—29-07-1967
7. श्री द्वारका प्रसाद मिश्रा	09-03-1967—29-07-1967
8. श्री गोविंद नारायण सिंह	30-07-1967—12-03-1969
9. श्री श्यामाचरण शुक्ल	13-03-1969—25-03-1969
10. श्री राजा नरेशचंद्र सिंह	26-03-1969—28-01-1972
11. श्री प्रकाश चंद्र सेठी	29-01-1972—22-03-1972
12. श्री प्रकाश चंद्र सेठी	23-03-1972—22-12-1975
13. श्री श्यामाचरण शुक्ल	23-12-1975—29-04-1977
राष्ट्रपति शासन	30-04-1977—25-06-1977
14. श्री कैलाश चंद्र जोशी	26-06-1977—17-01-1978
15. श्री विरेंद्र कुमार सखलेचा	18-01-1978—19-01-1980
16. श्री सुंदरलाल पटवा	20-01-1980—17-02-1980
राष्ट्रपति शासन	18-02-1980—08-06-1980
17. श्री अर्जुन सिंह	09-06-1980—10-03-1985
18. श्री अर्जुन सिंह	11-03-1985—12-03-1985
19. श्री मोती लाल वोरा	13-03-1985—13-02-1988
20. श्री अर्जुन सिंह	14-02-1988—24-01-1989

Cont...

21.	श्री मोती लाल वोरा	25-01-1989—08-12-1989
22.	श्री श्यामाचरण शुक्ल	09-12-1989—04-03-1990
23.	श्री सुंदरलाल पटवा	05-03-1990—15-12-1992
	राष्ट्रपति शासन	16-12-1990—06-12-1993
24.	श्री दिग्विजय सिंह	07-12-1993—01-12-1998
25.	श्री दिग्विजय सिंह	01-12-1998—08-12-2003
26.	सुश्री उमा भारती	08-12-2003—23-08-2004
27.	श्री बाबूलाल गौर	23-08-2004—29-11-2005
28.	श्री शिवराज सिंह चौहान	29-11-2005—12-12-2008
29.	श्री शिवराज सिंह चौहान	12-12-2008—13-12-2013
30.	श्री शिवराज सिंह चौहान	14-12-2013—अब तक

मध्य प्रदेश विधानसभा के अध्यक्ष

	नाम	अवधि
1.	पं. कुंजीलाल दुबे	01-11-1956— 17-12-1956
		18-12-1956— 01-01-1957
2.	पं. कुंजीलाल दुबे	02-07-1957— 26-03-1962
3.	पं. कुंजीलाल दुबे	27-03-1962— 07-03-1967
4.	श्री काशीप्रसाद पाण्डे	24-03-1967— 24-03-1972
5.	श्री तेजलाल टेंभरे	25-03-1972— 10-08-1972
6.	श्री गुलशेर अहमद	14-08-1972— 14-07-1977
7.	श्री मुकुंद सखाराम नेवालकर	15-07-1977— 02-07-1980
8.	श्री यज्ञदत्त शर्मा	03-07-1980— 19-07-1983
9.	श्री रामकिशोर शुक्ला	05-03-1984— 13-03-1985
10.	श्री राजेंद्र प्रसाद शुक्ल	25-03-1985— 19-03-1990
11.	श्री बृजमोहन मिश्रा	20-03-1990— 12-12-1993
12.	श्रीयुत श्रीनिवास तिवारी	24-12-1993— 01-02-1999
13.	श्रीयुत श्रीनिवास तिवारी	02-02-1999— 11-12-2003
14.	श्री ईश्वरदास रोहाणी	16-12-2003— 04-01-2009
15.	श्री ईश्वरदास रोहाणी	07-01-2009— 05-11-2013
16.	डॉ. सीतासरन शर्मा	09-01-2014 — अब तक

न्यायालय

भारत के संविधान के अनुच्छेद 214 के अनुसार म.प्र. में 1 नवंबर, 1956 को जबलपुर उच्च न्यायालय की स्थापना की गई, जिसके प्रथम मुख्य न्यायाधीश एम. हिदायतुल्ला बनाए गए। साथ ही दो खण्डपीठों इंदौर एवं ग्वालियर में बनाई गई। वर्तमान में म.प्र. उच्च न्यायालय में 32 न्यायाधीश हैं। म.प्र. ने भारत के सर्वोच्च न्यायालय को तीन मुख्य न्यायाधीश दिए हैं।

म.प्र. के मुख्य न्यायाधीश

न्यायमूर्ति	कार्यकाल
श्री एम. हिदायतुल्ला	1954–1958
श्री जी.पी. भट्ट	1958–1959
श्री पी.वी. दीक्षित	1959–1969
श्री विशंभर दयाल	1969–1972
श्री पी.के. तारे	1972–1975
श्री शिवदयाल पी. श्रीवास्तव	1975–1978
श्री ए.पी. सेन	1978–1978
श्री जी.पी. सिंह	1978–1984
श्री जी.एल. ओझा	1984–1985
श्री जे.एस. वर्मा	1985–1986
श्री एन.डी. ओझा	1987–1988
श्री जी.जी. सोहनी	1988–1989
श्री एस.के. ओझा	1989–1993
श्री यू.एल. भट्ट	1993–1995
श्री ए.के. माथुर	1995–1999
श्री भवानी सिंह	2000–2003
श्री कुमार राजाराथनम	2003–2004
श्री आर.बी. रवींद्रन	2004–2005
श्री ए.के. पटनाईक	2005–2009
श्री सैय्यद रफत आलम	2009–2011
श्री शरद अरविन्द बोवड़े	2012–2013
श्री अजय मानिकराव खानविलकर	2013–2016
श्री हेमंत गुप्ता	2016 से अब तक

ग्राम न्यायालय—26 जनवरी 2001 को म.प्र. का पहला ग्राम न्यायालय नीमच जिले के झांतला में स्थापित किया गया था। ग्राम के छोटे-छोटे मामले ग्राम में निपटाने के उद्देश्य से ग्राम न्यायालय की स्थापना की गई।

फास्ट ट्रेक कोर्ट—लम्बित पड़े मामलों को शीघ्र निपटारे के लिए इसकी शुरुआत 2001 में की गई। राज्य में 85 फॉस्ट ट्रेक कोर्ट कार्यरत हैं।

निर्वाचन आयोग

73वें व 74वें संशोधन के उपरान्त म.प्र. में 1994 में पारित अधिनियम के अन्तर्गत एक सदस्यीय निर्वाचन आयोग का गठन किया गया है। राज्य निर्वाचन आयोग एक सदस्यीय या बहु-सदस्यीय भी हो सकता है। राज्य निर्वाचन आयुक्त की नियुक्ति राज्यपाल द्वारा की जाती है। राज्य निर्वाचन आयुक्त की सेवा शर्तें राज्य विधानमण्डल द्वारा बनाई गई किसी विधि के अधीन रहते हुए राज्यपाल निर्धारित करेंगे। इसका वेतन राज्य की संचित निधि से भारित होता है। राज्य निर्वाचन आयोग के प्रमुख कार्यों में स्थानीय संस्थाओं के लिए मतदान सूची तैयार करवाना, मतदाताओं का पंजीयन करवाना, ग्राम, नगरीय जनपद तथा जिला पंचायतों एवं नगरी निकायों का गठन करवाया, मतदान प्रबंधन संबंधी कार्य, परिणाम की घोषणा, आचार संहिता का निर्माण एवं उसका पालन करवाना, उम्मीदवारों का नामांकन तथा उन्हें चुनाव चिह्नों का आवंटन करना आदि विशेष रूप से उल्लेखनीय हैं।

पुलिस प्रशासन

वर्तमान में पुलिस प्रशासन गृह विभाग के अंतर्गत कार्य करता है। कानून एवं व्यवस्था, आंतरिक सुरक्षा एवं शांति बनाए रखने में पुलिस की महत्त्वपूर्ण भूमिका होती है। इसके अलावा शस्त्र अधिनियम, राज्य सुरक्षा अधिनियम, 1990 के क्रियान्वयन का कार्य पुलिस प्रशासन करता है। राज्य का पुलिस मुख्यालय भोपाल में है।

विशेष सशस्त्र बल (S.A.F.)—प्रदेश में विशेष सशस्त्र बल की कुल 21 वाहनियां हैं, जिनमें बल की कुल संख्या 23,158 स्वीकृत है। यह राज्य में कानून व्यवस्था, नक्सल प्रभावित समस्या एवं नियंत्रण, सांप्रदायिक सद्भाव एवं दस्यु उन्मूलन दायित्व का कार्य करता है।

नक्सल विरोधी अभियान के तहत वि.स.बल. की हॉक फोर्स का गठन किया है। इसका मुख्यालय मण्डला में है।

पुलिस दूरसंचार शाखा—इस शाखा का मुख्य उत्तरदायित्व राज्य में कानून व्यवस्था, आपराधिक गतिविधियों की रोकथाम, प्राकृतिक आपदा, चुनाव, विशिष्ट व्यक्तियों का भ्रमण, राष्ट्रीय पर्वों, त्यौहारों एवं जुलूसों के दौरान संचार उपलब्ध कराना है। इस शाखा में अतिरिक्त पुलिस महानिदेशक स्तर के अधिकारी होते हैं। इसके संगठन में रेडियो प्रशिक्षण शाला, इंदौर तथा 4 रेडियो ज़ोन हैं।

नारकोटिक्स शाखा—भारत सरकार की मादक पदार्थ नीति के अंतर्गत प्रदेश में पुलिस के अधीन स्वतंत्र नारकोटिक्स शाखा का गठन गृह विभाग के अंतर्गत 1998 में किया गया। शाखा के प्रभारी अतिरिक्त पुलिस महानिदेशक नारकोटिक्स होते हैं, इनके अधीन पुलिस महानिरीक्षक नारकोटिक्स, भोपाल एवं इंदौर में पदस्थ है।

भ्रष्टाचार निरोधी संस्थाएं

लोकतन्त्र एवं कल्याणकारी राज्य के लक्ष्य को प्राप्त करने के लिए आवश्यक हो जाता है कि शीर्ष स्तर पर प्रशासनिक तंत्र को अधिकारों के दुरुपयोग, भ्रष्टाचार एवं कदाचार से दूर रखा जाएगा। इसी दृष्टि से म.प्र. में राज्य स्तर पर दो संस्थाएं तथा प्रत्येक जिले स्तर पर एक संस्था की स्थापना की गई है।

लोकायुक्त संगठन—म.प्र. विधान सभा द्वारा 1981 में लोकायुक्त विधेयक पारित किया गया तथा राष्ट्रपति की मंजूरी मिलने के बाद उक्त विधेयक अधिनियम के रूप में लागू हुआ।

नियुक्ति—इस पद पर ऐसे व्यक्ति की नियुक्ति की जाती है जो सर्वोच्च न्यायालय के न्यायाधीश या उच्च न्यायालय के मुख्य न्यायाधीश के पद पर कार्यरत रहे हों।

कार्य—मुख्यमंत्री, मंत्री, प्रतिपक्ष के नेता, मुख्य सचिव एवं अन्य सचिव सहित राज्य के सभी उच्चतम पदाधिकारियों के खिलाफ जांच कर सकता है।

लोकायुक्त संगठन में लोकायुक्त पद के साथ एक उप-लोकायुक्त एवं एक सचिव के पद की व्यवस्था की गई है। विशेष पुलिस स्थापना इस संगठन का एक महत्त्वपूर्ण तथा सबसे प्रभावी अंग है।

राज्य सतर्कता आयोग—1964 में स्थापना की गई। राज्य स्तर पर राज्य सतर्कता आयुक्त की नियुक्ति के अलावा संभाग स्तर पर संभागीय सतर्कता मण्डलों तथा जिला स्तर पर जिला सतर्कता अधिकारी की नियुक्ति का प्रावधान रखा गया है।

जिला सतर्कता समितियां—लोकायुक्त एवं उपलोकायुक्त अधिनियम में संशोधन कर जिला स्तर पर जिला सतर्कता समितियों के गठन का प्रावधान किया गया है। इन समितियों की स्थानीय विकेंद्रीकरण की दिशा में एक महत्त्वपूर्ण पहल है।

राज्य सुरक्षा परिषद् का गठन—पुलिस व्यवस्था को कार्यकुशल, कारगर, संवदेनशील एवं जवाबदेह बनाने के लिए व्यापक दिशा-निर्देश तैयार करने के उद्देश्य से राज्य सुरक्षा परिषद् का गठन किया गया है। इस परिषद् के अध्यक्ष मुख्यमंत्री होंगे।

वित्त आयोग

वित्त एवं संसाधन किसी भी व्यवस्था की सफलता में अपनी महती भूमिका निभाते हैं। पंचायती राज के संबंध में पारित 73वें संविधान संशोधन विधेयक में अनुच्छेद 243झ में प्रत्येक 5 वर्ष में पंचायतों की आर्थिक स्थिति की समीक्षा करने के लिए एक वित्त आयोग की स्थापना का प्रावधान किया गया है। यह आयोग पंचायतों की आय के स्रोत, अनुदान एवं वितरण आदि के संबंध में रिपोर्ट देगा। प्रत्येक 5 वर्ष की समाप्ति पर ऐसे वित्त आयोग का गठन किया जाता रहेगा।

मध्य प्रदेश शासन द्वारा संविधान प्रदत्त अधिकार के आधार पर जुलाई, 1994 में राज्य वित्त आयोग का गठन किया गया।

म. प्र. लोक सेवा आयोग

इसकी स्थापना पुनर्गठन अधिनियम, 1956 की धारा 118 (3) के तहत भारत सरकार की अधिसूचना दिनांक 27 अक्टूबर, 1956 को की गई थी, जिसका मुख्यालय इंदौर के रेसीडेंसी इलाके में स्थित है। इसका उप-कार्यालय भोपाल में है। म.प्र. लोक सेवा आयोग में अध्यक्ष समेत पांच सदस्यों के पद स्वीकृत है। यह राज्य शासन के महत्वपूर्ण पदों के लिए चयन एवं पदोन्नति का कार्य करता है।

सूचना आयोग

सूचना के अधिकार को मजबूत व लोकव्यापी बनाने हेतु केंद्र सरकार के कदम पर म.प्र. सरकार ने भी राज्य सूचना अधिकार आयोग का गठन 2005 में किया। इस आयोग में एक मुख्य आयुक्त सहित कुल दस सूचना आयुक्त होंगे, जिनकी नियुक्ति राज्यपाल द्वारा की आती है। केंद्रीय सूचना अधिकार आयोग की तरह राज्य सूचना अधिकार आयोग के आयुक्त एवं सदस्यों के वेतन, भत्ते, योग्यता एवं अन्य उपलब्धियां निर्धारित होंगी। मुख्य सूचना आयुक्त का वेतनमान एवं अन्य भत्ते निर्वाचन आयुक्त के समान होंगे। अन्य आयुक्तों का वेतन राज्य के मुख्य सचिव के समान होंगे।

पंचायती राज

भारत के संविधान के 73वें संशोधन के अनुरूप प्रदेश में त्रिस्तरीय पंचायती राज व्यवस्था को सफल बनाने, विकास योजनाओं को मूर्तरूप दिया जैसे लोकतंत्रीय ग्रामीण स्थानीय व्यवस्था और जनभागीदारी को सुदृढ़ करना, आर्थिक विकास एवं सामाजिक न्याय के लिये संविधान की 11वीं अनुसूची में वर्णित विषयों से संबंधित योजनाओं के क्रियान्वयन, अनुश्रवण एवं प्रबंधन के बारे में पदाधिकारियों को समुचित मार्गदर्शन तथा परीक्षण देना एवं पंचायतों को उनके अधिकार कर्त्तव्य एवं दायित्यों को परिचित कराकर प्रदेश में ग्रामीण विकास त्वरित गति से हो ऐसी व्यवस्था सुनिश्चित करना।

ग्राम पंचायत के मूलभूत कार्य

1. **ग्राम पंचायत के मूलभूत कार्य**—मध्य प्रदेश पंचायती राज एवं ग्राम स्वराज अधिनियम, 1993 की धारा-49 के अंतर्गत ग्राम पंचायतों को बहुत से मूलभूत कार्यों को संपादित करने की जिम्मेदारी सौंपी गई है। इन कृत्यों को भली-भांति निर्वहन करने हेतु राज्य वित्त आयोग की अनुशंसा को मान्य करते हुए राज्य की सकल कर एवं करेतर राजस्व संग्रहण का 2.91 हिस्सा ग्राम पंचायतों के मध्य वितरण की स्वीकृति शासन द्वारा दी गई है।
2. **पंचायत निर्वाचन**—मध्य प्रदेश पंचायत राज एवं ग्राम स्वराज अधिनियम, 1993 के अधीन मई, जून 1994 में संपूर्ण प्रदेश में तीन चरणों में प्रथम बार त्रिस्तरीय पंचायती राज संस्थाओं का चुनाव पृथक् एवं स्वतंत्र इकाई के रूप में राज्य निर्वाचन आयोग द्वारा कराया गया।
3. मध्य प्रदेश पंचायती राज एवं ग्राम स्वराज अधिनियम के अंतर्गत भू-राजस्व उपकर, मुद्रांश शुल्क, अनुदान तथा जिला स्तरीय पंचायती राज निधि का गठन।

वाणिज्य कर

वाणिज्य कर पर 10 प्रतिशत अधिभार की आय का 30% हिस्सा ग्राम पंचायतों को सहायक अनुदान उपलब्ध कराया जाता है।

पंचायत निर्वाचन

मध्य प्रदेश पंचायती राज एवं ग्राम स्वराज अधिनियम, 1993 के अधीन मई-जून 1994 में सम्पूर्ण प्रदेश में तीन चरणों में प्रथम बार त्रिस्तरीय पंचायती राज संस्थाओं का चुनाव पृथक् एवं स्वतंत्र इकाई के रूप में राज्य निर्वाचन आयोग द्वारा कराया गया। मध्य प्रदेश पहला राज्य है जिमसें 73वें संविधान के पश्चात् प्रदेश में अधिनियम पारित कर चुनाव संपन्न कराया गया है। प्रथम चुनाव के फलस्वरूप 3922 ग्राम पंचायत 459 जनपद पंचायतों तथा 45 जिला पंचयातों का गठन किया गया है। पांच वर्ष का कार्यकाल समाप्त होने के पश्चात् दूसरी बार त्रिस्तरीय पंचायतों के निर्वाचन की प्रक्रिया जनवरी-फरवरी, 2000 में तीन चरणों में संपन्न करायी गई, परिणाम स्वरूप 22029 ग्राम पंचायतों, 313 जनपद पंचायतें तथा 45 जिला पंचायतें गठित की गईं।

जनसंख्या का स्थिरीकरण

मध्य प्रदेश पंचायती राज एवं ग्राम स्वराज अधिनियम, 1933 की धारा 36 में यथा संशोधन कर उपधारा (1) (ड) स्थापित की गई है जिसमें जनसंख्या के स्थिरीकरण को ध्यान में रखते हुए यह प्रावधान किया गया है कि, जिसकी दो से अधिक जीवित संतान हैं, जिनमें सेएक का जन्म 26 जनवरी, 2001 या उसके पश्चात् हुआ हो, वह पंचायत पदधारी नहीं हो पाएंगे।

मध्य प्रदेश पंचायत राज एवं ग्राम स्वराज अधिनियम के अंतर्गत भू-राजस्व उपकर, मुद्रांश शुल्क, अनुदान तथा जिला स्तरीय पंचायतराज निधि का गठन

मध्य प्रदेश पंचायती राज एवं ग्राम स्वराज अधिनियम, 1993 के अंतर्गत बनाये गये नियमों के अधीन राजस्व एवं मुद्रांश शुल्क की वसूली तथा राजस्व एवं पृथक् आगम विभागों द्वारा प्रतिवर्ष की जाती है।

● जिला स्तर पर जिला पंचायत राज विधि के नाम से एक पृथक् निधि का गठन किया जा चुका
  है। भू-राजस्व तथा पंचायत उपकर, जिला स्तर पर बनाई गई इस निधि में जमा होंगे तथा
  विहित प्रक्रिया के अनुसार तीनों स्तर पंचायतों में राशि वित्तरित की जाएगी। वर्तमान में ₹ 1
  भू-राजस्व एवं लगान 50 पैसे उपकर अधिरोपित है। जिला पंचायत इस उपकर की दर में
  ₹ 10 तक वृद्धि करने की व्यवस्था है।

● राजस्व विभाग द्वारा भू-राजस्व सामान्य उपकर बढ़े हुए उपकर तथा विकास कर जिला स्तर पर
  बनाई जाने वाली निधि में निर्धारित वसूली शुल्क की कटौती के उपरांत विहित प्रक्रिया अनुसार
  जमा किये जाएँगे। बढ़े हुए उपकर का 25-25 प्रतिशत जिला पंचायतों एवं 25% जनपद
  पंचायतों को तथा शेष 50% राशि ग्राम पंचायत को वितरित किये जाने का प्रावधान किया गया है।

मध्य प्रदेश का नगरीय प्रशासन

● राज्य की स्थापना (1 नवम्बर, 1956) के बाद नगरपालिका अधिनियम, 1956 लागू किया
  गया। जिसके पश्चात् नगर निगमों का गठन किया गया। नगर निगमों के कार्यों में सुदृढ़ता
  प्रदान करने के लिए राज्य सरकार द्वारा जुलाई, 1957 में एक समिति गठित की गई जिसने
  सितंबर 1958 में अपनी रिपोर्ट प्रस्तुत कर दी। इसी रिपोर्ट के तदुपरांत मध्य प्रदेश नगरपालिका
  अधिनियम, 1961 पारित हुआ। इस नियम के पास होने के पश्चात् राज्य में 30 दिसम्बर,
  1993 को विधानसभा में मध्य प्रदेश नगरपालिका विधेयक पारित किया गया। इस संविधान
  संशोधन के बाद राज्य में मध्य प्रदेश राज्य निर्वाचन आयोग का गठन किया गया। वर्तमान
  समय अधिनियम के अनुरूप राज्य में त्रिस्तरीय निकाय की व्यवस्था है जो निम्नलिखित है—
  1. नगर निगम (वृहत्तर नगरीय क्षेत्र में)
  2. नगरपालिका (परिषद् लघु स्तरीय क्षेत्रों में)
  3. नगर पंचायत (संक्रमणशील नगरों में)

● इस नए अधिनियम के तहत् राज्य को वृहत्तर लघु एवं सक्रमणशील क्षेत्र घोषित करने का कार्य
  राज्यपाल के अधिकार क्षेत्र में है। जिसके लिए क्षेत्र का आकार, जनसंख्या घनत्व, राजस्व व
  कृषि स्थिति आदि की भूमिका महत्त्वपूर्ण मानी जाती है। इनका कार्यकाल 5 वर्ष निर्धारित
  किया गया है तथा साथ ही साथ यह भी स्पष्ट है कि किसी भी नगरीय इकाई को 6 माह में
  अधिक विघटन की स्थिति में नहीं रखा जा सकता है।

नगर निगम

● राज्य में वर्तमान में 14 नगर निगम क्रियाशील हैं। इसका प्रमुख महापौर होता है। इस निकाय
  के अंतर्गत पहले उपमहापौर का पद होता था, परन्तु 1999 में अध्यादेश जारी कर इस पद को
  समाप्त कर दिया गया। इसके सदस्यों को चुनाव प्रत्यक्ष मतदान प्रणाली द्वारा किया जाता है
  तथा प्रत्यक्ष प्रणाली द्वारा महापौर का चुनाव करते हैं।

नगरपालिका परिषद्

● ये परिषदें उन नगरीय क्षेत्रों में गठित की गई हैं जिनकी जनसंख्या 20 हजार से अधिक है।
  वर्तमान समय में इन परिषदों की संख्या 88 है। उनके पार्षद, अध्यक्ष व उपाध्यक्ष के चुनाव में
  सरकारी नियमानुसार आरक्षण की भी व्यवस्था है। इसमें महिलाओं के लिए 50% स्थानों का
  आरक्षण है।

नगर पंचायत

- यह नगरीय क्षेत्र की पहली स्वायत संस्था है। यह संस्था उन क्षेत्रों के लिए है जिनकी ग्रामीण क्षेत्र से नगरीय क्षेत्र में झुकाव ज्यादा है। राज्य में ऐसे सभी क्षेत्रों में यह संस्था गठित की गई है जिसकी जनसंख्या 2011 की जनगणना 5 हजार से 20 हजार के मध्य है। वर्तमान समय में राज्य में ऐसी संस्थाओं की संख्या 236 है। इनके पार्षदों का चुनाव प्रत्यक्ष मतदान प्रणाली के माध्यम से होता है। चुने गए ये पार्षद ही अप्रत्यक्ष मतदान प्रणाली द्वारा अध्यक्ष व उपाध्यक्ष का चुनाव करते हैं।
- नगर प्रशासन को सुव्यस्थित व सुचारु ढंग से चलाने के लिए राज्य शासन द्वारा नगर निगम हेतु आयुक्त न नगरपालिका परिषद् हेतु मुख्य नगरपालिका अधिकार की नियुक्ति की व्यवस्था की गई है। मुख्य नगरपालिका अधिकारी एक सरकारी पद है जबकि आयुक्त एक गैर सरकारी पद है जिसकी नियुक्ति राज्य शासन द्वारा 5 वर्ष के लिए की जाती है।
- मध्य प्रदेश राज्य का पहला ग्राम न्यायालय 12 दिसंबर, 2001 को नीमच जिले के जावद जनपद के झांतला ग्राम पंचायत में प्रारंभ किया गया था।

प्रश्नमाला

1. मध्य प्रदेश के गठन के समय कुल जिलों की संख्या कितनी थी?
   (a) 42 (b) 43
   (c) 44 (d) 46
2. मध्य प्रदेश में पहली बार राष्ट्रपति शासन कब लागू हुआ था?
   (a) 1977 में (b) 1980 में
   (c) 1992 में (d) 1996 में
3. 1 नवम्बर, 1956 को राजस्थान के कोटा जिले की किस तहसील को मध्य प्रदेश में सम्मिलित किया गया?
   (a) नीमच (b) सिरोंज
   (c) मंदसौर (d) सिवनी
4. मण्डला को विभाजित करके कौन-सा नया जिला बनाया गया है?
   (a) अनूपपुर (b) सिवनी
   (c) डिण्डोरी (d) बालाघाट
5. मध्य प्रदेश में वित्त निगम का मुख्यालय कहां है?
   (a) जबलपुर में (b) इंदौर में
   (c) भोपाल में (d) विदिशा में
6. मध्य प्रदेश में ग्राम पंचायतें हैं-
   (a) 23,040 (b) 25,000
   (c) 26,000 (d) 27,029
7. मध्य प्रदेश से छत्तीसगढ़ के विभाजन के पूर्व राज्य में कितने जिले थे?
   (a) 50 (b) 56
   (c) 61 (d) 65

8. मध्य प्रदेश का नामकरण किसने किया?
   (a) पट्टाभि सितारमैया
   (b) पण्डित जवाहरलाल नेहरू
   (c) पण्डित रविशंकर शुक्ल
   (d) कुंजीलाल दुबे
9. मध्य प्रदेश में खुली जेल मुंगावली में है–
   (a) अशोक नगर   (b) गुना
   (c) छिंदवाड़ा   (d) छतरपुर
10. मध्य प्रदेश का राजकीय पशु कौन-सा है?
    (a) नील गाय   (b) जंगली भैंसा
    (c) बारहसिंगा   (d) बाघ
11. मध्य प्रदेश में निर्वाचन-आयोग कब बना?
    (a) 1993   (b) 1994
    (c) 1995   (d) 1996
12. मध्य प्रदेश के 2003 में गठित जिलों में शामिल हैं-
    (a) सीधी   (b) हरदा
    (c) बड़वानी   (d) बुरहानपुर
13. मध्य प्रदेश राज्य चेतन आयोग का गठन कब किया गया?
    (a) दिसम्बर, 2007   (b) फरवरी, 2008
    (c) मार्च, 2008   (d) जनवरी, 2008
14. मध्य प्रदेश राज्य है–
    (a) समुद्री सीमा से घिरा राज्य
    (b) पूर्ण भू–आवेष्ठित राज्य
    (c) अंतर्राष्ट्रीय सीमा को छूने वाला राज्य
    (d) उपर्युक्त सभी
15. मध्य प्रदेश में ग्राम न्यायालयों की स्थापना की गई-
    (a) 26 जनवरी, 2001 (b) 26 जनवरी, 2002
    (c) 2 अक्टूबर, 2001 (d) 2 अक्टूबर, 2002

उत्तरमाला

1. (b)   2. (a)   3. (b)   4. (c)   5. (b)   6. (a)
7. (c)   8. (b)   9. (a)   10. (c)   11. (b)   12. (d)
13. (b)   14. (b)   15. (a)

□□□

मध्य प्रदेश का भूगोल

भौगोलिक स्वरूप

- मध्य प्रदेश की वर्तमान भौगोलिक स्थिति 21°6' उत्तरी अक्षांश से 26° 30' उत्तरी अक्षांश तथा 74°9' पूर्वी देशान्तर से 82°48' पूर्वी देशांतर के मध्य में है। प्रदेश की कुल क्षेत्रफल 3,08,244 वर्ग किमी है, जो भारत के कुल क्षेत्रफल का 9.38 प्रतिशत है।
- इसका पूर्व से पश्चिम विस्तार 870 किमी तथा उत्तर से दक्षिण 605 किमी है। प्रदेश की उत्तरी सीमा चम्बल नदी तथा दक्षिणी सीमा ताप्ती नदी बनाती है।
- पश्चिमी तथा पूर्वी सीमाएं क्रमशः गुजरात एवं मैकाल-कैमूर की श्रेणियों द्वारा निर्धारित की जाती है। कर्क रेखा, नर्मदा नदी के समानांतर प्रदेश को दो बराबर भागों में बांटते हुए, 14 जिलों में गुजरती है।

  मध्य प्रदेश की सीमा 5 राज्यों के साथ मिलती है।

भू-वैज्ञानिक संरचना

मध्य प्रदेश संरचना की दृष्टि से प्रायद्वीप पठार का भाग है। मध्य प्रदेश का अधिकांश भाग प्रायद्वीपीय पठार का हिस्सा होने के कारण यहां विभिन्न कालों की भू-वैज्ञानिक संरचना देखने को मिलती है। प्रदेश में निम्न कालों की भू-वैज्ञानिक संरचना पाई जाती है।

भू-वैज्ञानिक संरचना

युग	साक्ष्य	विशेषता
1. आद्य महाकल्प	बुंदेलखण्ड का गुलाबी ग्रेनाइट,	पृथ्वी की प्रथम कठोर चट्टानें, जिनमें नीस, सिल, डाइक जीवाश्म के अवशेष नहीं मिले। निर्माण तरल लावा के ठण्डे तथा पिछले क्षेत्र में निक्षेपण होने से।
2. धारवाड़ समूह	बालाघाट की चिल्पी श्रेणी, छिंदवाड़ा की सौंसर श्रेणी,	निर्माण आद्य महाकल्प की चट्टानों के अपरदन में निकले पदार्थों द्वारा। चट्टानें बुंदेलखण्ड की बिजावर श्रेणी। फाइलाइट, शिष्ट तथा स्लेट के रूप में प्राप्त।
3. पुरान संघ	पन्ना, ग्वालियर की बिजावर श्रेणी, कैमूर, भाण्डेर, रीवा श्रेणी	पुरान संघ का विभाजन—1. कुडप्पा; 2. विंध्यन शैल समूह कुडप्पा चट्टानें अत्यधिक टूटी हुई एवं कायांतरित विंधन चट्टानों पर अंतभौतिक दिशाओं का प्रभाव नहीं।
4. आर्य सूमह	सतपुड़ा एवं बघेलखण्ड में विस्तृत कोयला घाटी	आरंभिक कार्बनीफेरस से नूतन युग तक की चट्टानें शामिल। इस शैल समूह से गोंडवाना शैल समूह का निर्माण, जिसके तीन भाग हैं— 1. लोअर गोण्डवाना 2. मध्य गोंडवाना, 3. अपर गोंडवाना समूह।
5. क्रिटेशस कल्प	बाघ, लमेटा, मालवा पठार के ज्वालामुखी संस्तर	नर्मदा घाटी में नदी तथा एस्चुअरी के निक्षेपण से बने शैल प्राप्त। चट्टानों में जीवाश्मों के अवशेष मिलते हैं।

भौतिक प्रदेश

एस.पी. चटर्जी ने मध्य प्रदेश को धरातल की विविधता के आधार पर निम्न दो वृहत भौतिक प्रदेशों में विभाजित किया है–

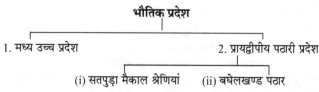

भौतिक प्रदेश

- 1. मध्य उच्च प्रदेश
- 2. प्रायद्वीपीय पठारी प्रदेश
  - (i) सतपुड़ा मैकाल श्रेणियां
  - (ii) बघेलखण्ड पठार

1. **मध्य उच्च प्रदेश**—मध्य उच्च प्रदेश एक त्रिभुजाकार पठार प्रदेश है, जो कि दक्षिण में नर्मदा-सोन घाटी, पूर्व में कैमूर के कगार एवं पश्चिम में अरावली श्रेणियों से घिरा है। इन धरातलीय विशेषताओं के आधार पर इस प्रदेश को निम्नलिखित भागों में बांटा जा सकता है–

   (i) **मालवा पठार**—मध्य प्रदेश के मध्य पश्चिम भाग को मालवा पठार के नाम से जाना जाता है। इस पठार का विस्तार गुना, राजगढ़, भोपाल, रायसेन, सागर, विदिशा, शाजापुर, देवास, इन्दौर सीहोर, उज्जैन, रजलाम, मंदसौर, झाबुआ एवं धार जिलों में है।

   इसकी भौगोलिक स्थिति 20°17' उत्तरी अक्षांस से 25°8' उत्तरी अक्षांस तथा 74°20' पूर्वी देशांतर से 79°20' पूर्वी देशांतर के मध्य है। कर्क रेखा इसे दो बराबर भागों में विभाजित करती है। इस पठार पर क्रिटेशियस काल के दरारी ज्वालामुखी उद्भेन के साक्ष्य मिलते हैं। समुद्रतल में मालवा पठार की औसत ऊंचाई 500 मीटर है, परन्तु इस पठार की सबसे ऊंची चोटी सीगार 881 मीटर ऊंची है।

   इस प्रदेश की जलवायु उष्णकटिबंधीय मानसूनी है तथा इस क्षेत्र की प्रमुख नदियां क्षिप्रा, बेतवा, सोनार व चंबल हैं। काली मिट्टी की प्रमुखता के कारण इस क्षेत्र की मुख्य फसल गेहूं एवं कपास हैं। इस क्षेत्र के अधिकतर लोग कृषि एवं पशुपालन करते हैं। मालवा पठार के प्रमुख नगर इंदौर, भोपाल, उज्जैन, सागर, रतलाम, देवास, विदिशा, धार हैं।

   (ii) **मध्य भारत का पठार**—मध्य भारत का पठार मालवा पूर्वोत्तर में स्थित है। इसकी भौगोलिक स्थिति 24° उत्तरी अक्षांश से 26°48' उत्तरी अक्षांश तथा 75°50' पूर्वी देशांतर से 79°10' पूर्वी देशांतर के मध्य स्थित है। इस क्षेत्र में दोमट मिट्टी से ढंकी हुई जलज चट्टानें पाई जाती हैं।

   मध्य प्रदेश के भिण्ड, मुरैना, ग्वालियर, शिवपुरी, गुना व मंदसौर जिले इस प्रदेश के अंतर्गत आते हैं।

   (iii) **बुंदेलखण्ड का पठार**—बुंदेलखण्ड का पठार, मध्य उच्च भूमि के उत्तरी भाग को कहते हैं। इसमें मध्य प्रदेश के छतरपुर, पन्ना, टीकमगढ़, दलिया, शिवपुरी एवं गुना जिलों के कुछ भाग आते हैं। यह पठार बुंदेलखण्ड नीस नामक प्राचीन चट्टानों के अपक्षय से निर्मित है।

   इसकी भौगोलिक स्थिति 24°06' उत्तरी अक्षांश से 26°22' उत्तरी अक्षांश तथा 77°51' पूर्वी देशांतर से 80°51' पूर्वी देशांतर से 80°20' पूर्वी देशांतर के मध्य में फैला है। इस क्षेत्र में काली मिट्टी तथा लाल मिट्टी के मिश्रण से बनी बलुई दोमट मिट्टी पाई जाती है।

(iv) **विंध्यन कगारी प्रदेश**—विंध्यन कगारी प्रदेश मालवा पठार के उत्तर पूर्व में फैला हुआ है। इसे रीवा पन्ना का पठार भी कहते हैं। इसकी भौगोलिक स्थिति 23°10' उत्तरी अक्षांश से 25°12' उत्तरी अक्षांश और 78°4' पूर्वी देशांतर से 82°18' पूर्वी देशांतर के मध्य विस्तृत है। इस पठार की ऊंचाई 300 से 450 मीटर तक है।

यहां बलुई, लाल एवं पीली मिट्‌टी पाई जाती है। यहां की औसत वर्षा 125 सेमी के लगभग है। गेहूं इस क्षेत्र की प्रमुख फसल है। इस क्षेत्र में पूर्व की ओर चावल की खेती होती है। चूना पत्थर एवं हीरा यहां पाए जाने वाले प्रमुख खनिज हैं। कृषि यहां का प्रमुख व्यवसाय है। इस क्षेत्र के प्रमुख नगर सतना, रीवा, पन्ना, दमोह आदि हैं।

(v) **विंध्यन श्रेणी**—विंध्याचल श्रेणी पश्चिमी मध्य प्रदेश से लेकर पूर्व में बिहार तक फैली है। इसे पश्चिमी से पूर्व की ओर क्रमशः विंध्याचल, भाण्डरे तथा कैमूर की श्रेणियों के नाम से जाना जाता है। होशंगाबाद के पश्चिम में यह विंध्यन युग की चट्‌टानों से बनी है तथा गनूरगढ़ के पश्चिम में यह श्रेणी लावा चट्‌टानों से बनी है।

इस श्रेणी की औसत ऊंचाई 500 मीटर के आसपास है। पश्चिम से पूर्व की ओर इसकी ऊंचाई कम होती जाती है।

(vi) **नर्मदा-सोन घाटी**—मध्य प्रदेश के पूर्वी तथा पश्चिमी भाग में नर्मदा तथा सोन नदी की संकरी घाटियों के मध्य का भाग नर्मदा सोन नदी की घाटी कहलाता है। नर्मदा घाटी 22°30' उत्तरी अक्षांश से 23°45' उत्तरी अक्षांश तथा 74° पूर्वी देशांतरों से 81°30' पूर्वी देशांतर के मध्य स्थित है। यह घाटी मध्य प्रदेश का सबसे नीचा भाग है। यहां गहरी काली मिट्‌टी पाई जाती है। महादेव एवं सतपुड़ा श्रेणी पर सदाबहार वन पाए जाते हैं। इस क्षेत्र में गेहूं, कपास, ज्वार, चावल, बाजरा आदि फसलें उगाई जाती हैं।

2. **प्रायद्वीपीय पठारी प्रदेश**—प्रायद्वीपीय पठार के उत्तरी भाग को दक्कन पठार कहते हैं। इस पठार पर स्थित सतपुड़ा श्रेणी का विस्तार मध्य प्रदेश के दक्षिणी भाग पर है। इसके पूर्व में स्थित पहाड़ी क्षेत्र को बघेलखण्ड पठार कहते हैं। दक्कन पठार के इस पहाड़ी पठारी भाग को निम्न दो प्रमुख हिस्सों में बांटा जा सकता है—(i) सतपुड़ा मैकाल श्रेणियां (ii) बघेलखण्ड पठार (पूर्वी पठार)

(i) **सतपुड़ा मैकाल श्रेणियां**—सतपुड़ा मैकाल श्रेणियां दक्षिणी मध्य प्रदेश में पश्चिमी सीमा के पूर्व में स्थित हैं। इनका भौगोलिक विस्तार 21° उत्तरी अक्षांश से 23° उत्तरी अक्षांश तथा 74°30 पूर्वी देशांतर से 81° पूवी देशांतर के मध्य में स्थित है। इस क्षेत्र की अधिकतम ऊंचाई 1350 मीटर (धूपगढ़) है।

वनों से उपज एकत्रित करना तथा खनन उद्योग में कार्य करना यहां का मुख्य व्यवसाय है। समतल भूमि वाले क्षेत्रों में कृषि होती है। छिंदवाड़ा, बुरहानपुर, खंडवा, सिवनी, बैतूल, मण्डला, बालाघाट, खरगौन, बड़वानी, झाबुआ इस क्षेत्र के प्रमुख नगर हैं।

(ii) **बघेलखण्ड पठार (पूर्वी पठार)**—मध्य प्रदेश के पूर्वी भाग में सोन नदी से पूर्व सोन घाटी के दक्षिण का क्षेत्र बघेलखण्ड का पठार कहलाता है। इसका विस्तार 23°40' उत्तरी अक्षांश से 24°35° उत्तरी अक्षांश तथा 80°05' पूर्वी देशांतर से 82°35' पूर्वी देशांतर के मध्य में स्थित है। इस प्रदेश में आद्य महाकल्प तथा जुरैसिक काल के शैल समूह मिलते हैं।

गोंडवाना शैल समूह इस प्रदेश की भौगोलिक विशेषता हैं। मध्य प्रदेश के प्रमुख कोयला क्षेत्र इसी प्रदेश में स्थित हैं। इस क्षेत्र की प्रमुख नदी सोन है। यहां काली, लाल एवं पीली पथरीली मिट्टियां पाई जाती हैं।

पर्वत

विंध्याचल पर्वत

विंध्याचल पर्वत नर्मदा नदी के उत्तर में पूर्व से पश्चिम की ओर विस्तृत है। इसका निर्माण हिमालय से पहले माना जाता है। इसकी औसत ऊंचाई 457 मीटर से 610 मीटर तक पाई जाती है। परन्तु इसकी सबसे ऊंची चोटी अमरकंटक है, जिसकी ऊंचाई 900 मीटर से भी अधिक है। विंध्याचल पर्वत का निर्माण क्वार्ट्ज एवं बालू पत्थरों से हुआ है। इससे निकलने वाली नदियों में नर्मदा, सोन, बेतवा एवं केन प्रमुख हैं।

सतपुड़ा पर्वत

इस पर्वत का निर्माण ग्रेनाइट एवं बैसाल्ट की चट्टानों से हुआ है। इसका विस्तार नर्मदा नदी के दक्षिण में विन्ध्याचल के समानांतर 1120 किमी की लम्बाई में है। पूर्व में यह राजपीपला की पहाड़ियों से शुरू होकर पश्चिमी घाट तक फैला है। यह पर्वत 700 मीटर से 1350 मीटर तक ऊंचा है। इसकी सबसे ऊंची चोटी धूपगढ़ (1350 मीटर) है, जो पंचमढ़ी के पास महादेव पर्वत पर स्थित है।

मध्य प्रदेश भौगोलिक विभाजन

क्र.	प्रदेश	भौगोलिक स्थिति	मिट्टी	जिले
1.	बेघलखण्ड मुडवारा का पठार (पूर्वी पठार)	23°40' से 24°25' उत्तरी अक्षांश 80°5' से 42°47' पूर्वी देशान्तर	काली, लाल,	सीधी, शहडोल, उमरिया, बलुई, दोमट
2.	सतपुड़ा बैतून, मैकाल श्रेणी	21° से 23° उत्तरी अक्षांश 74°30' से 81°30' पूर्वी देशान्तर	काली, गहरी काली	खंडवा, खरगौन, बड़वानी, बालाघाट, छिंदवाड़ा सिवनी नर्मदा, ताप्ती, शक्कर
3.	नर्मदा सोन डिंडोरी, जबलपुर, घाटी	22°30' से 23°45' उत्तरी अक्षांश 74° से 81°30' पूर्वी देशान्तर	काली, गहरी काली	शहडोल, बड़वानी, मण्डला, नरसिंहपुर, होशंगाबाद, रायसेन, हरदा, खंडवा, खरगौन, धार, सीहोर, देवास
4.	विंध्यन कगारी प्रदेश (रीवा पन्ना का पठार)	23°10' से 25°12' उत्तरी अक्षांश 78°4' से 82°18' पूर्वी देशान्तर	लाल, लाल-काली, लाल-पीली	रीवा, सतना, पन्ना, दमोह, सागर
5.	बुंदेलखण्ड का पठार	24°6' से 26°22' उत्तरी अक्षांश 77°51' से 80°20' पूर्वी देशान्तर	काली, लाल, बलुई, दोमट	दतिया, छतरपुर, टीकमगढ़, शिवपुरी, ग्वालियर, भिण्ड, केन

Cont...

6.	मध्य भारत पठार	24° से 26°48' उत्तरी अक्षांश 74°5' से 79°10' पूर्वी देशान्तर	जलोढ़ काली	भिण्ड, मुरैना, श्योपुर, ग्वालियर, शिवपुरी, गुना, नीमच
7.	मालवा पठार	20°17' से 25°8' उत्तरी अक्षांश 74°20' से 79°20'	गहरी काली	भोपाल, धार, गुना, रतलाम, झाबुआ, मंदसौर, राजगढ़, उज्जैन, इंदौर, देवास सीहोर, शाजापुर, विदिशा, रायसेन, सागर से पूर्वी देशान्तर

मृदा

मध्य प्रदेश में विभिन्न प्रकार की मृदा पाई जाती है। पश्चिम में मालवा, विंध्य, निमाड़, पठार एवं नर्मदा घाटी तथा मध्य प्रदेश में काली से गहरी काली मृदा मिलती है। बुन्देलखण्ड एवं उत्तर मध्य प्रदेश में ग्रिड क्षेत्र में मिश्रित काली से लाल कंकरीली मृदा है। दूरस्थ उत्तर में मुरैना, भिण्ड एवं ग्वालियर में दोमट तथा पूर्व और दक्षिण के पठारों और मैदानों में काली तथा लाल मिट्टी पाई जाती है। इसी कारण मध्य प्रदेश में विभिन्न प्रकार की फसलों का उत्पादन संभव है।

मृदा के प्रकार

विभिन्न जिलों में उपलब्ध भूमि की उर्वरा शक्ति वर्तमान में फसलों की लाभदायक क्षमता को निर्धारित करने में महत्त्वपूर्ण भूमिका अदा करती है और राज्य में कृषि की उन्नति को कायम रखने के लिए नई-नई विधियों को बढ़ावा देने के बारे में संभावित कार्यवाही की पहचान करने में सहायता करती है।

1. **काली मिट्टी**—काली मिट्टी मध्य प्रदेश में मालवा पठार, सतपुड़ा के कुछ भाग तथा नर्मदा घाटी में मिलती है। जिले स्तर पर यह मंदसौर, रतलाम, झाबुआ, धार, खंडवा, खरगौन, इंदौर, देवदास, सीहोर, उज्जैन, शाजापुर, राजगढ़, भोपाल, रायसेन, विदिशा, सागर, दमोह, जबलपुर, नरसिंहपुर, होशंगाबाद, बैतूल, छिंदवाड़ा, सिवनी, गुना, शिवपुरी, सीधी जिलों में फैली है। यह प्रदेश के 47.6 प्रतिशत क्षेत्र में पाई जाती हैं। (1) गहरी काली मिट्टी, (2) छिछली काली मिट्टी।

   (i) **गहरी काली मिट्टी**—यह मिट्टी मध्य प्रदेश में नर्मदा घाटी मालवा एवं सतपुड़ा पठार के विस्तृत भाग में लगभग 1.4 लाख हेक्टेयर भूमि पर पाई जाती है। इसमें चिकनी मिट्टी की मात्रा 20-60 प्रतिशत होती है तथा इसकी गहराई 1-2 मीटर है। प्रदेश में यह मिट्टी गेहूं, तिलहन, चना तथा ज्वार की कृषि के लिए उपयोगी है।

   (ii) **छिछली काली मिट्टी**—यह मिट्टी मुख्य रूप से छिंदवाड़ा, सिवनी तथा बैतूल जिलों में पाई जाती है। राज्य में इसका क्षेत्रफल लगभग 75 लाख एकड़ है, जो राज्य का 7.5 प्रतिशत है।

2. **लाल-पीली मिट्टी**—लाल-पीली मिट्टी का निर्माण आर्कियन, धारवाड़ तथा गोण्डवाना चट्टानों के ऋतुक्षरण से हुआ है। लाल-पीली मिट्टियां साधारणत: साथ-साथ पाई जाती है। लाल रंग लोहे के ऑक्सीकरण तथा पीला रंग फेरिक ऑक्साइड के जलयोजन के कारण होता है।

3. **जलोढ़ मिट्टी**—जलोढ़ मिट्टी निर्माण बुंदेलखंड नीस तथा चंबल द्वारा निक्षेपित पदार्थों से हुआ है। यह मिट्टी प्रदेश के मुरैना, भिण्ड, ग्वालियर तथा शिवपुरी जिलों में लगभग 30 लाख एकड़ क्षेत्रफल में फैली है।

4. **कछारी मिट्टी**—कछारी मिट्टी का निर्माण नदियों द्वारा बाढ़ के समय अपवाह क्षेत्र में निक्षेपित पदार्थों से हुआ है। प्रदेश में इस मिट्टी का विस्तार ग्वालियर, भिण्ड एवं मुरैना जिलों में है। यह मिट्टी गेहूं, गन्ना तथा कपास की फसल के लिए उपयुक्त है।

5. **मिश्रित मिट्टी**—प्रदेश के अनेक क्षेत्रों में लाल, पीली एवं काली मिट्टी मिश्रित रूप में पाई जाती है। यह मिट्टी फॉस्फेट, नाइट्रोजन एवं कार्बनिक पदार्थों की कमी वाली कम उपजाऊ मिट्टी है। इस मिट्टी में मुख्य रूप से ज्वार, बाजरा जैसे मोटे अनाज पैदा किए जाते हैं।

प्रश्नमाला

1. मध्य प्रदेश से निकलने वाली नर्मदा नदी किसमें मिलती है?
   - (a) खंभात की खाड़ी में
   - (b) अरब सागर में
   - (c) बंगाल की खाड़ी में
   - (d) उपर्युक्त में से कोई नहीं
2. बुंदेलखण्ड प्रदेश की सबसे ऊंची चोटी सिद्धबाबा की ऊंचाई कितनी है?
   - (a) 1050 मी.
   - (b) 1172 मी.
   - (c) 1325 मी.
   - (d) 1285 मी.
3. मध्य प्रदेश के कुल भौगोलिक क्षेत्रफल के कितने प्रतिशत भाग पर वन विद्यमान हैं?
   - (a) 30 प्रतिशत
   - (b) 35 प्रतिशत
   - (c) 40 प्रतिशत
   - (d) 45 प्रतिशत
4. मालवा के पठार की सबसे ऊंची पर्वत चोटी कौन-सी है?
   - (a) धजारी
   - (b) गुरु शिखर
   - (c) सिगार
   - (d) जनापाव
5. मध्य प्रदेश में वर्षा का वार्षिक औसत है-
   - (a) 100 से 125 सेमी.
   - (b) 100 से 150 सेमी.
   - (c) 75 से 150 सेमी.
   - (d) 75 से 125 सेमी.
6. सोन नदी का उद्गम स्थल है-
   - (a) जबलपुर
   - (b) अमरकण्टक
   - (c) जनापाव
   - (d) मुल्ताई
7. धूपगढ़ किस पहाड़ी पर स्थित है?
   - (a) महादेव पर्वत
   - (b) बड़वानी पर्वत
   - (c) बैतूल पर्वत
   - (d) कालीभीत पर्वत
8. सिद्ध बाबा पहाड़ी निम्न पठारों में से किसमें स्थित है?
   - (a) बुंदेलखण्ड
   - (b) बघेलखण्ड
   - (c) मैकल पर्वत
   - (d) रीवा-पन्ना

9. महेश्वर (महिष्मती) निम्नलिखित में से किस नदी के तट पर स्थित है?
   (a) केन नदी   (b) नर्मदा नदी
   (c) सोन नदी   (d) बनास नदी

10. मध्य प्रदेश का सर्वोच्च शिखर धूपगढ़ किस पठार में स्थित है?
    (a) बघेलखण्ड प्रदेश   (b) सतपुड़ा का पठार
    (c) बुंदेलखण्ड प्रदेश   (d) रीवा-पन्ना का प्रदेश

11. मध्यप्रदेश की निम्नलिखित में से कौन-सी स्थिति ठीक है?
    (a) $18°$ उत्तर से $26°$ उत्तर एवं $74°$ पूर्व से $84°$ पूर्व तक
    (b) $21°6'$ उत्तर से $26°54°'$ उत्तर एवं $74°$ पूर्व से $82°47'$ पूर्व
    (c) $18°$ उत्तर से $26°-30°'$ उत्तर एवं $74°30°$ पूर्व से $84°$ पूर्व
    (d) $18°-30°$ उत्तर से $26°-30°$ उत्तर एवं $74°$ पूर्व से $84°30°$ पूर्व

12. मध्य प्रदेश का न्यूनतम वर्षा वाला स्थान कौन-सा है?
    (a) रीवा   (b) मंदसौर
    (c) रायसेन   (d) मुरैना

13. मध्य प्रदेश की सर्वाधिक ऊंची चोटी धूपगढ़ निम्नलिखित में से किस प्रदेश में स्थित है?
    (a) बघेलखंड का पठार   (b) सतपुड़ा-मैकल श्रेणी
    (c) नर्मदा घाटी का पठार   (d) पूर्वी पठार

14. कार्बन उत्सर्जन के मामले में मध्यप्रदेश का कौन-सा शहर प्रथम स्थान पर है?
    (a) विदिशा   (b) गुना
    (c) उज्जैन   (d) इंदौर

15. देश का क्षेत्रफल की दृष्टि से सर्वाधिक बड़ा राज्य है–
    (a) मध्य प्रदेश   (b) उत्तरप्रदेश
    (c) महाराष्ट्र   (d) राजस्थान

उत्तरमाला

1. (c)   2. (b)   3. (b)   4. (c)   5. (d)   6. (b)
7. (a)   8. (a)   9. (b)   10. (b)   11. (b)   12. (d)
13. (b)   14. (d)   15. (d)

□□□

अपवाह एवं सिंचाई प्रणाली

मध्य प्रदेश की नदियों को दो वर्गों में विभाजित किया जा सकता है—प्रथम वे, जो केवल पानी से भर जाती हैं, परंतु अन्य मौसमों में सूखी पड़ी रहती हैं और दूसरी वे नदियां हैं जिनमें बारह महीने पानी रहता है। मध्य प्रदेश में नदियां विभिन्न दिशाओं की ओर प्रवाहित होती हैं। उत्तर की ओर बहने वाली नदियां चम्बल, बेतवा, सोन, केन आदि हैं तथा दक्षिण की ओर बहने वाली नदियां वेनगंगा आदि हैं। पश्चिम की ओर बहने वाली नदियां नर्मदा व ताप्ती हैं। इन नदियों के अतिरिक्त अन्य बहुत-सी छोटी-छोटी सहायक नदियां भी हैं। ये सभी नदियां प्रदेश की विभिन्न दिशाओं में प्रवाहित होती हैं।

मध्य प्रदेश की प्रमुख नदियां

1. **नर्मदा नदी—**नर्मदा नदी को मध्य प्रदेश की 'जीवन रेखा' कहा जाता है। यह नदी मध्य प्रदेश के अनूपपुर जिले के मैकाल श्रृंखला की अमरकंटक नामक पहाड़ी से निकलती है और एक तंग, गहरी एवं सीधी घाटी से होकर पश्चिम की ओर बहती है। यह नदी मण्डला, जबलपुर, नरसिंहपुर, होशंगाबाद तथा खरगौन और गुजरात के भरूच जिलों में बहती हुई खंभात की खाड़ी में गिरती है। यह नदी 1312 किलोमीटर लम्बी है और मध्य प्रदेश में 1077 किमी. बहती है। इसका अपवाह क्षेत्र 93180 वर्ग किमी. है।
2. **ताप्ती नदी—**ताप्ती नाम की उत्पत्ति संस्कृत के 'ताप' शब्द से हुई है। तापी या ताप्ती नदी मध्य प्रदेश के बैतूल जिले में मुल्ताई (मूल ताप्ती) नगर के पास से सतपुड़ा के दक्षिण में 762 मीटर की ऊंचाई से निकलती है। यह पूर्व से पश्चिम नर्मदा के समानान्तर बहने के पश्चात् खम्भात की खाड़ी में गिरती है। इसकी लम्बाई 724 किमी. है। पूर्वा गिरना, बोरी, पांछरा बाघुड और शिवा ताप्ती की अन्य सहायक नदियां हैं।
3. **चम्बल नदी—**प्राचीनकाल में चर्मणवती के नाम से जानी जाने वाली नदी वर्तमान में चम्बल नदी के नाम से विख्यात है। इसकी कुल लम्बाई 954 कि.मी. है। यह नदी इन्दौर जिले की महू तहसील के समीप स्थित जानापाव नामक पहाड़ी (854 मीटर ऊंचाई) से निकलकर उत्तर-पूर्व की ओर मध्य प्रदेश के धार, उज्जैन, रतलाम, मन्दसौर जिलों में बहती हुई राजस्थान के बूंदी, कोटा और धौलपुर में बहती है। फिर पूर्वी भाग में बहती हुई इटावा (उत्तर प्रदेश) से 38 किलोमीटर दूर यमुना नदी में जा मिलती है।
4. **क्षिप्रा नदी—**क्षिप्रा नदी मध्य प्रदकश के इन्दौर जिले के समीप काकरी बरडी नामक पहाड़ी से निकलती है। यह नदी 195 किमी. लंबी है तथा 93 किमी. तक मध्य प्रदेश के उज्जैन जिले में प्रवाहित होती हुई पुनः रतलाम और मन्दसौर जिलों में बहती हुई यह चंबल नदी में मिल जाती है। खान और गंभीर इसकी सहायक नदियां हैं।
5. **केन नदी—**केन नदी मध्य प्रदेश के जबलपुर जिले की कटनी नामक तहसील से निकलती है। यह उत्तर प्रदेश में बांदा जिले की सीमा में 160 किमी. बहने के बाद यमुना नदी में मिल जाती है।

6. **काली सिंध नदी**—काली सिंध नदी देवास के समीप बागली नामक गांव से निकलकर चम्बल नदी में मिल जाती है।
7. **वेनगंगा नदी**—वेनगंगा मध्य प्रदेश के सिवनी जिले के परसवाड़ा पठार से निकलकर सिवानी-छिंदवाड़ा होते हुए वर्धा नदी में गिरती है एवं वेनगंगा का संगम स्थल 'प्राणदिता' के नाम से जाना जाता है।

मध्य प्रदेश के प्रमुख जलप्रपात

जल प्रपात	नदी
1. कपिलधारा जलप्रपात	नर्मदा नदी (अनूपपुर)
2. दुग्धधारा जलप्रपात	नर्मदा नदी (अनूपपुर)
3. धुंआधार जलप्रपात	नर्मदा नदी (जबलपुर) (भेड़ाघाट)
4. मान्धर जलप्रपात	नर्मदा नदी (हण्डिया-बड़वाह के मध्य)
5. दरदी जलप्रपात	नर्मदा नदी (हण्डिया-बड़वाह के मध्य)

8. **कुनू नदी**—इसका उद्भव शिवपुरी पठार से है। उद्गम के बाद यह संकरी व गहरी घाटी में बहती है तथा अपने मार्ग के अवरोध मुरैना पठार को सफलतापूर्वक पार करती हुई चम्बल नदी से मिल जाती है। इस नदी की कुल लम्बाई 180 किमी. है।
9. **गार नदी**—यह नदी नर्मदा की सहायक नदी है। यह सिवनी के लखना क्षेत्र से निकलकर कोयल की संकरी घाटी में से बहती हुई उत्तर की ओर जाकर नर्मदा के बांए तट से मिल जाती है।
10. **सिन्ध नदी**—यह गुना जिले में सिरोंज के निकट से निकलती है। गुना, शिवपुरी, दतिया और भिण्ड में बहती हुई यह इटावा जिले (उत्तर प्रदेश) के पास चम्बल नदी से मिल जाती है।

मध्य प्रदेश की नदियों के किनारे बसे प्रमुख नगर

नदियां	उन पर बसे नगर	नदियां	उन पर बसे नगर
नर्मदा	अमरकंटक	नर्मदा	होशंगाबाद
नर्मदा	जबलपुर	नर्मदा	नरसिंहपुर
नर्मदा	निमाड़	नर्मदा	पुनासा
नर्मदा	महेश्वर	माही	कुक्षी

मध्य प्रदेश की प्रमुख नदियां

क्र.	नदी	लम्बाई	उद्गम स्थल	सहायक नदियां
1.	नर्मदा	1312 किमी. म. प्र. में 1077 किमी.	अमरकण्टक अनूपपुर तवा, शेर, शक्कर, मान	हिरन, तिन्दोली, बनास, चन्द्रकेशर, कानर, बरना
2.	चम्बल	965 किमी.	महू (इन्दौर) के निकट जानापाव पहाड़ी से	काली सिंध, पार्वती, बनास
3.	ताप्ती	724 किमी.	बैतूल जिले में मुलताई	पूरणा

Cont...

			के निकट	
4.	सोन	780 किमी.	अमरकंटक (अनूपपुर)	जोहिला
5.	बेतवा	380 किमी.	कुमरा गांव (रायसेन)	बीना, धसान, सिंध
6.	तवा	117 किमी.	पंचमढ़ी (महादेव पर्वत)	देवना, मालिनी
			सुखतवा, कालीभीत	

सिंचाई धरातल के जल तथा भूमिगत जल से की जाती है। धरातल का जल नदियों, नहरों और तालाबों से प्राप्त होता है तथा भूमिगत जल कुओं तथा नलकूपों द्वारा उपलब्ध होता है।

प्रमुख नहरें

मध्य प्रदेश में सिंचाई के प्रमुख तीन साधन हैं—(1) नहरें, (2) तालाब, (3) कुएं।

नहरें

मध्य प्रदेश के सिंचित प्रदेश का अधिकतर हिस्सा नहरों के अन्तर्गत है। प्रदेश में नहरों द्वारा 26.7 प्रतिशत क्षेत्र में सिंचाई होती है। मध्य प्रदेश में चम्बल घाटी में अधिकतर सिंचाई नहरों द्वारा ही होती है। चम्बल घाटी के ग्वालियर, भिण्ड व मुरैना जिलों में एवं बुन्देलखण्ड के टीकमगढ़ और छतरपुर जिलों में अधिकतर सिंचाई नहरों द्वारा होती है। प्रदेश की मुख्य नहरें निम्नलिखित हैं—

- **बरना सिंचाई नहर**—बरना नर्मदा नदी की एक सहायक नदी है। इस नदी की कुल लम्बाई 96 किमी है। नर्मदा से मिलने के पूर्व यह 1.6 किमी लम्बे एक पतले खड्ड से गुजरती है। इसी स्थान पर बांध बनाया गया है। इस नदी का अपवाह क्षेत्र अधिकतर पहाड़ों और वनों से ढका है। इस क्षेत्र में पालक माटी ताल के निकट बांध बनाकर इससे सिंचाई की जाती है। इसमें 85 वर्ग किमी क्षेत्र का जल इकट्ठा होता है। बांध के जल का फैलाव 70 वर्ग किमी है जिसकी मात्रा लगभग 40 करोड़ 70 लाख घन मीटर है। इसके दायीं और बायीं ओर दो नहरें निकाली गई हैं, जिनसे लगभग 6,6400 हेक्टेयर भूमि की सिंचाई होती है।
- **वेनगंगा नहर**—यह नहर वेनगंगा नदी से निकाली गई है। यह नहर लगभग 45 किमी लम्बी है और इसकी दो शाखाएं 35 किमी लम्बी हैं। इसके द्वारा मध्य प्रदेश के बालाघाट और महाराष्ट्र के भण्डारा जिले में लगभग 4 हजार हेक्टेयर भूमि की सिंचाई होती है।
- **चंबल की नहरें**—मध्य प्रदेश में चम्बल बांध की नहर मुरैना जिले की श्योपुर तहसील में प्रवेश करती है। इसकी दो शाखाएं हैं। बाईं ओर की शाखा अम्बाह 179 किमी लम्बी है। दाहिनी ओर की शाखा मुरैना शाखा है। शाखाओं सहित चम्बल की नहरों से ग्वालियर, भिण्ड, मुरैना जिलों में 2.50 लाख हेक्टेयर भूमि की सिंचाई की जाती है।

प्रमुख परियोजनाएं

1. **एंदिरा सागर परियोजना**—एंदिरा सागर परियोजना मध्य प्रदेश के खंडवा जिले में पुनासा गांव से 10 किमी दूरी पर स्थित है। यह नर्मदा नदी पर स्थित 1000 मेगावाट की अधिष्ठापित क्षमता वाली एक बहुउद्देशीय परियोजना है। वर्ष 2004.05 में इस पनबिजली परियोजना को पूरा किया गया और जनवरी 2004 से यहां बिजली उत्पादन शुरू कर दिया गया। इसकी बिजली उत्पादन क्षमता 1980 एमयू है तथा परियोजना की लागत 4533.57

करोड़ रुपए है। इस परियोजना के ठोस भार वाली बांध की लम्बाई 653 मीटर और अधिकतम ऊंचाई (गहरी नींव के स्तर से ऊपर) 92 मीटर जितनी है। 915 वर्ग किमी पर फैले इस जलाशय की क्षमता 12.2 अरब घन मीटर है, जो पूरे एक वर्ष के लिए भारत के 100 करोड़ लोगों की पानी की घरेलू जरूरत के लिए पर्याप्त है। यह भारत का सबसे बड़ा जलाशय है, जो भाखड़ा जलाशय से 1.25 गुना बड़ा है।

2. **ऊपरी नर्मदा क्षेत्र में जल विद्युत परियोजना**—नर्मदा नदी अमरकंटक से 1065 मीटर की ऊंचाई पर उभरती है और होशंगाबाद जिले में 686 किमी लंबे पहाड़ी इलाके से बहती है। अपने मूल से 620 मीटर की दूरी पर यह नदी अमरकंटक के मंडला जिले में 261 किमी नीचे की ओर उतरती है। ऊपरी क्षेत्र में कुल 54 मेगावाट की अधिष्ठापित क्षमता वाली तीन पनबिजली परियोजनाओं के बारे में विचार जारी है।
3. **महेश्वर परियोजना**—महेश्वर परियोजना, मध्य प्रदेश के मंडलेश्वर शहर के निकट, ओंकारेश्वर परियोजना से 40 किमी अनुप्रवाह की दूरी पर नर्मदा नदी पर स्थित है। यहां 400 मेगावाट क्षमता वाले (10 × 40 मेगावाट) विद्युत गृह के निर्माण की परिकल्पना की गई है। केन्द्रीय पर्यावरण और वन मंत्रालय द्वारा वैधानिक मंजूरी प्राप्त करने के बाद और केन्द्रीय विद्युत प्राधिकरण (सीईए) से तकनीकी-आर्थिक मंजूरी के बाद जनवरी 1994 में, राज्य सरकार ने इस परियोजना को निजी क्षेत्र के लिए प्रस्तावित किया गया और यह काम श्री महेश्वर जल विद्युत निगम लिमिटेड को (SMHPCL) सौंप दिया गया। इस परियोजना का कार्य प्रगति पर है और पूर्णत्व के निकट है।
4. **बाणसागर परियोजना**—बाणसागर परियोजना मध्य प्रदेश, उत्तर प्रदेश एवं बिहार राज्यों की एक संयुक्त अंतर्राज्यीय वृहद परियोजना है। जिसके शीर्ष कार्य (बांध भू-अर्जन एवं पुनर्वास) तीनों राज्यों द्वारा संयुक्त रूप से क्रियान्वित किए जा रहे हैं। परियोजना का निर्माण भारत सरकार के त्वरित सिंचाई लाभ कार्यक्रम के अन्तर्गत केन्द्रीय ऋण सहायता से किया जा रहा है। परियोजना में तीनों सहभागी राज्यों मध्य प्रदेश, उत्तर प्रदेश एवं बिहार का वित्तीय सहयोग 2 : 1 :1 के अनुपात में है तथा जलाशय में संचित जल का लाभ भी इसी अनुपात में है। परियोजना में नहरों का निर्माण कार्य तीनों राज्यों द्वारा स्वयं के व्यय पर किया जा रहा है।

   बांध का निर्माण सोन नदी पर शहडोल जिले के देवलोंद ग्राम के समीप किया जा रहा है, जिसकी ऊंचाई 67 मीटर एवं लम्बाई 1020 मीटर है। परियोजना में मध्य प्रदेश के रीवा, सीधी, सतना एवं शहडोल जिलों की 2.49 लाख हेक्टेयर क्षेत्र में सिंचाई प्रस्तावित है। परियोजना से 425 मेगावाट विद्युत उत्पादन प्रस्तावित है। इससे विद्युत उत्पादन किया जा रहा है तथा 975 मीट्रिक टन वार्षिक मत्स्य उत्पादन का लक्ष्य है। यहां मत्स्य महासंघ द्वारा वर्ष 2000-2001 से मत्स्य उत्पादन किया जा रहा है।

मध्य प्रदेश के प्रमुख साधनों द्वारा सिंचित क्षेत्र
प्रतिशत में

क्र. सं.	साधन	सिंचित क्षेत्र (%)
1.	कुएं/नलकूप	69.49%
2.	नहरों/तालाब द्वारा	20.24%
3.	अन्य साधनों द्वारा	14.58%

मध्य प्रदेश की प्रमुख सिंचाई परियोजनाएं (एक नजर में)

परियोजना का नाम	नदी	लाभान्वित जिल	विशेष टिप्पणी
चंबल	चंबल	मंदसौर, भिण्ड, मुरैना	प्रदेश की पहली परियोजना
बरगी (रानी अवंतिबाई सागर)	बरगी	जबलपुर, कटनी, रीवा, सतना	2.45 लाख हेक्टेयर में सिंचाई
तवा	तवा	होशंगाबाद	24,700 हेक्टेयर में सिंचाई तथा 13.50 मेगावाट विद्युत उत्पादन
बाणसागर	सोन	रीवा, सीधी, सतना, शहडोल	मध्य प्रदेश व उत्तर प्रदेश, बिहार की संयुक्त परियोजना
कालीसागर	कालीसिरर वाघ	मध्य प्रदेश व महाराष्ट्र का कुछ भाग	......
केन	केन	छरपुर, पन्ना	मध्य प्रदेश व उत्तर प्रदेश

मध्य प्रदेश की संयुक्त सिंचाई परियोजनाएं

क्र.	सिंचाई परियोजनाएं	भागीदारी राज्य
1.	चम्बल घाटी परियोजना के अंतर्गत गांधी सागर, राणा प्रताप सागर, जवाहर सागर, कोटा बैराज, सागरकोटा बैराज एवं इनकी नहर प्रणालियां	मध्य प्रदेश व राजस्थान
2.	पेंच परियोजना	मध्य प्रदेश के छिंदवाड़ा व महाराष्ट्र के नागपुर
3.	बांध परियोजना	मध्य प्रदेश व महाराष्ट्र
4.	काली सागर परियोजना	मध्य प्रदेश व महाराष्ट्र

प्रश्नमाला

1. निम्नलिखित नदियों पर बसे नगरों को सुमेलित कीजिए-

सूची-I	सूची-II
A. सिवना	1. श्योपुर
B. बेतवा	2. बुरहानपुर
C. ताप्ती	3. मंदसौर
D. चम्बल	4. सोनकच्छ
	5. सांची

	A	B	C	D
(a)	1	2	3	4
(b)	3	5	2	1
(c)	2	1	5	4
(d)	4	5	2	1

2. निम्नलिखित में से सही जोड़े को छाँटिए–
   (a) नर्मदा–अनुपपुर (b) चम्बल–शहडोल
   (c) ताप्ती काकरी–बरड़ी (d) उपर्युक्त सभी
3. बारना नदी पर बनाया गया बांध किस जिले में स्थित है?
   (a) रायसेन (b) राजगढ़
   (c) शिवपुरी (d) देवास
4. निम्नलिखित में से पश्चिम की ओर बहने वाली नदी कौन-सी है?
   (a) नर्मदा (b) बेतवा
   (c) ताप्ती (d) (a) एवं (c) दोनों
5. ताप्ती नदी का उद्‌गम कौन-से जिले में है?
   (a) प. निमाड (b) विदिशा
   (c) बैतूल (d) हरदा
6. मध्य प्रदेश की किन दो नदियों का संगम स्थल 'प्राणहिता' कहलाता है?
   (a) वेनगंगा–वर्धा (b) कुंवारी–वर्धा
   (c) कुनू–पार्वती (d) तवा–क्षिप्रा
7. बेतवा नदी का उद्‌गम स्थल कौन-सा है?
   (a) जनापाव पहाड़ी (b) वर्धन शिखर
   (c) लखनादौन (d) तवा–क्षिप्रा
8. मध्य प्रदेश को निम्नलिखित किस नदी का जल चूलिया झरने में गिरता है?
   (a) चम्बल (b) वर्धा
   (c) छोटी तवा (d) सोन
9. निम्नलिखित में से कौन-सी नदी पश्चिम की ओर बहती है?
   (a) गंगा (b) नर्मदा
   (c) गोदावरी (d) यमुना
10. कुंवारी नदी का उद्‌गम स्थल कौन-सा है?
    (a) शिवपुरी का पठार (b) बागली गांव
    (c) काकरी–बरडी (d) अमरवाड़ा
11. निम्नलिखित में से मध्य प्रदेश की कौन-सी नदी सीधे गंगा नदी में जाकर मिलती है?
    (a) सोन (b) क्षिप्रा
    (c) केन (d) छोटी तवा
12. नर्मदा की कुल कितनी सहायक नदियां हैं?
    (a) 40 (b) 41
    (c) 42 (d) 43

13. निम्न में से किस नदी को मध्यप्रदेश की गंगा कहा जाता है?
    (a) नर्मदा   (b) बेतवा
    (c) क्षिप्रा   (d) चम्बल
14. निम्नलिखित में से कौन-सी नदी दक्षिण की ओर बहती है?
    (a) केन   (b) वेनगंगा
    (c) वर्धा   (d) गोदावरी
15. भालकुण्ड जलप्रपात कहां पर स्थित है?
    (a) भेड़ाघाट   (b) अरावली शृंखला
    (c) सागर के निकट   (d) रीवा के निकट

उत्तरमाला

1. (b)	2. (a)	3. (a)	4. (d)	5. (c)	6. (a)
7. (d)	8. (a)	9. (b)	10. (a)	11. (a)	12. (b)
13. (b)	14. (a)	15. (c)			

□□□

कृषि एवं पशुपालन

मध्य प्रदेश एक बहुत बड़ा राज्य है। भू-संरचना, मिट्टी, तापमान और वर्षा की भिन्नताओं के कारण यहां उपजने वाली फसलों में भी विविधता पाई जाती है।

मध्य प्रदेश भारत में सबसे अधिक सोयाबीन उत्पादित करने वाला राज्य है। राष्ट्रीय स्तर पर इस राज्य का चना तथा ज्वार उत्पादन की दृष्टि से दूसरा, गेहूं व तिलहन उत्पादन की दृष्टि से चौथा तथा कपास के उत्पादन की दृष्टि से पांचवां स्थान है। यह राज्य खाद्यान्न के मामले में लगभग आत्मनिर्भर है। कुल कृषि उत्पादन का 83 प्रतिशत भाग खाद्य फसलों से होता है। इसमें सिंचित भूमि का क्षेत्रफल कुल बोए गए क्षेत्रफल का 14.4 प्रतिशत है। शेष 85.6 प्रतिशत क्षेत्र वर्षा पर निर्भर है।

प्रमुख फसलें

- **चावल**—मध्य प्रदेश की एक महत्त्वपूर्ण फसल चावल (धान) है। प्रदेश में कुल कृषि भूमि के 22.5% भाग पर इसकी खेती की जाती है। यह अधिक नमी में होने वाली फसल है। अत: यह फसल उन्हीं भागों में अधिक होती है, जहां औसत वार्षिक वर्षा 100 से 125 सेमी. होती हो एवं जहां हल्की लाल व पीली मिट्टी पाई जाती हो। यह फसल वर्षा ऋतु के प्रारम्भ में बोई जाती है और अक्टूबर-नवम्बर माह में काटी जाती है। मध्य प्रदेश में चावल की तीन किस्में बोई जाती हैं—**(i) अमन**—यह शीतकालीन फसल है, जो कुल उत्पादन का 70 प्रतिशत है। **(ii) ओस**—यह शीत ऋतु के उपरान्त बोई जाती है तथा कुल उत्पादन का लगभग 25 प्रतिशत इसमें मिलता है। **(iii) बोरो**—यह ग्रीष्म काल में बोयी जाती है तथा उत्पादन की दृष्टि से यह नगण्य है।

  मध्य प्रदेश के बालाघाट, मण्डला, सीधी, छिंदवाड़ा, बैतूल, रीवा, सतना आदि जिलों में धान की खेती होती है।

- **गेहूं**—गेहूं मध्य प्रदेश की प्रथम महत्त्वपूर्ण फसल है। रबी की फसलों का सबसे अधिक क्षेत्र गेहूं के अन्तर्गत है। प्रदेश के 35.49 लाख हेक्टेयर भूमि पर गेहूं की खेती की जाती है। गेहूं की कृषि अधिकांशत: मध्य प्रदेश के उसी क्षेत्र में होती है, जहां वर्षा का औसत 75 से 112 सेमी. होता है। जहां वर्षा कम होती है, वहां सिंचाई के माध्यम से भी गेहूं की खेती की जाती है। मध्य प्रदेश में गेहूं अक्टूबर-नवम्बर में बोया जाता है तथा मार्च-अप्रैल में तैयार हो जाने पर फसल काट ली जाती है।

  गेहूं की खेती मध्य प्रदेश के पश्चिमी भाग में होती है। प्रदेश के मैदानी क्षेत्रों में ताप्ती और नर्मदा, तवा, गंजाल, हिरण आदि नदियों की घाटियों और मालवा के पठार की काली मिट्टी के क्षेत्रों में सिंचाई के द्वारा गेहूं पैदा किया जाता है। प्रदेश के होशंगाबाद, सीहोर, विदिशा, जबलपुर, गुना, सागर, ग्वालियर, निमाड़, उज्जैन, इन्दौर, रतलाम, देवास, मन्दसौर, झाबुआ, रीवा और सतना जिलों में गेहूं का उत्पादन मुख्य रूप से होता है।

- **सोयाबीन**—देश भर में जितना सोयाबीन पैदा होता है, उसका 82.1 प्रतिशत भाग केवल मध्य प्रदेश में पैदा होता है। इसलिए मध्य प्रदेश को 'सोयाबीन प्रदेश' के नाम से भी जाना जाता है। इसका उत्पादन करने वाले प्रमुख क्षेत्र इन्दौर, धार, उज्जैन, छिंदवाड़ा, नरसिंहपुर, सिवनी, भोपाल, गुना, शाजापुर एवं रतलाम हैं।

- **गन्ना**—मध्य प्रदेश में चीनी के 11 कारखाने हैं। इस फसल को उच्च तापमान तथा अधिक वर्षा की आवश्यकता होती है। इसकी उपज चिकनी दोमट मिट्टी में होती है।

  प्रदेश के प्रमुख गन्ना उत्पादक क्षेत्रों में देवास, मुरैना, उज्जैन, सीहोर, जावरा, शिवपुरी, हरसीदमा, शाजापुर आदि हैं।

- **तिलहन**—राज्य में उत्पन्न होने वाले प्रमुख तिलहनों में सरसों, तिल एवं अलसी प्रमुख हैं। तिल खरीफ तथा अलसी व सरसों रबी की फसलें हैं। भारत में सर्वाधिक अलसी मध्य प्रदेश में ही होती है। तिल अधिकांशतया हल्की मिट्टी कम वर्षा के क्षेत्रों में होता है। अलसी सभी प्रकार की मिट्टी में होती है, जहां पर्याप्त नमी होती है। तिल का उत्पादन प्रमुख रूप से उत्तरी-पश्चिमी मध्य प्रदेश के छतरपुर, सीधी, होशंगाबाद, शिवपुरी आदि जिलों में होता है। अलसी का उत्पादन होशंगाबाद, बालाघाट, झाबुआ, सतना, रीवा, सागर, गुना, तथा पन्ना जिलों में अधिक होता है।

- **कपास**—यह प्रदेश की महत्त्वपूर्ण नकदी फसल है। भारत में कपास उत्पादन की दृष्टि से मध्य प्रदेश का स्थान पांचवां है। इस फसल की बुवाई जून में की जाती है और नवम्बर से मार्च तक चुनाई की जाती है। यहां मालवा के पठार एवं नर्मदा-ताप्ती के घाटियों की काली और कछारी मिट्टी में इसका उत्पादन किया जाता है। मुख्यत: इसका उत्पादन प्रदेश के ग्वालियर, जबलपुर, भिण्ड, मुरैना, शिवपुरी, बैतूल, छिंदवाड़ा, इन्दौर, उज्जैन, भोपाल और धार आदि जिलों में होता है।

- **ज्वार**—यह कम वर्षा वाले भागों में उपजायी जाती है। इसके लिए उपजाऊ कांप या चिकनी मिट्टी की आवश्यकता होती है। इसके बढ़ने के लिए तापमान 25° सेंटीग्रेड से 30° सेंटीग्रेड तक चाहिए। ज्वार की फसल खरीफ की फसल है, जो जून-जुलाई में बोई जाती है तथा नवम्बर-दिसम्बर में काटी जाती है।

- **मूंगफली**—यह उष्णकटिबंधीय पौधा है एवं इसके लिए साधारणत: 75 से 150 सेमी. तक वर्षा पर्याप्त होती है। यह अधिक वर्षा वाले भागों में भी पैदा की जा सकती है। इसका पौधा इतना मुलायम होता है कि ठण्डे प्रदेशों में इसका उगना असम्भव है। साधारणतया इसे 15° सेंटीग्रेड से 25° सेंटीग्रेड तक तापमान की आवश्यकता होती है। फसल के लिए पाला हानिकारक है। यह हल्की मिट्टी में, जिसमें खाद दी गई हो और पर्याप्त मात्रा में जीवांश हों, खूब पैदा होती है।

  इस फसल के प्रमुख उत्पादक क्षेत्र मालवा का पठार और नर्मदा घाटी के निचले हिस्से हैं। मन्दसौर, खरगौन और धार जिले इसकी खेती के प्रमुख क्षेत्र हैं।

- **चना**—इसकी खेती के लिए हल्की बलुई मिट्टी और ऊंचे तापमान की आवश्यकता होती है। पाला पड़ जाने से इसका फूल नष्ट हो जाता है। इसको बोते समय मिट्टी में पर्याप्त नमी होना आवश्यक है। यह मध्यप्रदेश की महत्त्वपूर्ण फसल है जो अक्टूबर में बोई जाती है तथा मार्च-अप्रैल में काटी जाती है। यह रबी की फसल है।

  इसके प्रमुख उत्पादक क्षेत्र नरसिंहपुर, जबलपुर, टीकमगढ़, भिण्ड, मुरैना, उज्जैन, मन्दसौर, गुना, विदिशा, इन्दौर, देवास, रतलाम, झाबुआ, ग्वालियर, सीहोर, होशंगाबाद, रायसेन आदि जिले हैं। चना उत्पादन की दृष्टि से मध्य प्रदेश का भारत में द्वितीय स्थान है।

कृषि जलवायु क्षेत्र

राज्य में 11 उपकृषि जलवायु क्षेत्र एवं 5 फसलीय क्षेत्र हैं, और इनमें वर्षा 700 से 1600 मिली एवं कुल वर्षा का जून से सितम्बर के महीनों में मानसून के माध्यम से लगभग 94 प्रतिशत प्राप्त होता है।

कृषि जलवायु क्षेत्र वितरण

क्र. सं.	कृषि जलवायु क्षेत्र	फसल क्षेत्र	मृदा प्रकार	वर्षा (मिमी.में)	पूर्ण रूप से अथवा अल्प सम्मिलित जिले
1.	छत्तीसगढ़ी	धान क्षेत्र	लाल एवं पीली	1200 से 1600	बालाघाट
2.	उत्तरी पहाड़ी	धान क्षेत्र	लाल एवं पीली (मध्यम काली एवं हासफर (मध्यम/हल्की)	1200 से 1600 (बेढ़न तहसील)	शहडोल, मंडला, डिंडोरी, अनूपपुर, सीधी, (कुछ भाग) उमरिया सिंगरौली
3.	कैमूर पठार एवं सतपुड़ा पहाड़ियां	गेहूं-धान क्षेत्र	लाल, काली मिश्रित (मध्यम)	1000 से 400	रीवा, सतना, पन्ना, जबलपुर, सिवनी, कटनी, सीधी
4.	मध्य नर्मदा घाटी	गेहूं	गहरी काली (गहरी)	1000 से 1600	नरसिंहपुर, होशंगाबाद, बुधनी तहसील (सीहोर) बरेली तहसील (रायसेन)
5.	विन्ध्य पठार	गेहूं क्षेत्र गहरी काली (मध्यम/भारी)	मध्यम काली	1000 से 14000	भोपाल, दमोह, विदिशा, सीहोर बुधनी के अतिरिक्त) गुना(चाचौड़ा, राघौगढ़ एवं आरोन तहसील
6.	ग्रिड क्षेत्र	गेहूं ज्वार क्षेत्र	दोमट (हल्की)	800 से 1000	ग्वालियर, भिण्ड, मुरैना, श्योपुर, शिवपुरी (पिछोर, करेरा, खनिया-धाना, तहसील के अतिरिक्त) गुना (चाचौड़ा, राघौगढ़ एवं आरोन तहसील के अतिरिक्त) एवं अशोकनगर
7.	बुन्देलखण्ड	गेहूं ज्वार	लाल एवं काली मिश्रित (हल्की)	800 से 1000	छतरपुर, दतिया, टीकमगढ़, शिवपुरी (करेरा, पिछोर, नरवर, खनियाधाना तहसील)

Cont...

8.	सतपुड़ा पठार	गेहूं-ज्वार क्षेत्र	उथली काली (मध्यम)	1000 से 1400	बैतूल एवं छिन्दवाड़ा
9.	मालवा पठार	कपास ज्वार क्षेत्र	मध्यम काली (मध्यम)	800 से 1200	नीमच, मंदसौर, रतलाम, इंदौर, उज्जैन, देवास, राजगढ़, धार (धार, बदनावर एवं सरदारपुर तहसील) झाबुआ (पैदलावद तहलीस)
10.	निमाड़ मैदान	कपास, ज्वार क्षेत्र	मध्यम काली (मध्यम)	800 से 1000	खंडवा, बुरहानपुर, खरगौन, बडवानी, हरदा, धार (मनावर, धमरपुर एवं गंधवानी तहसील)
11.	झाबुआ की पहाड़ियां	ज्वार– कपास क्षेत्र	मध्यम काली सतही (हल्की)	800 से 1000	झाबुआ (पेटलावद के अतिरिक्त धार /मध्यम) (कुक्षी तहसील)

राष्ट्रीय कृषि विकास योजना

डीजल/विद्युत पंप वितरण—सभी श्रेणी के कृषकों को 5 से 10 हार्स पावर के डीजल/विद्युत पंप हेतु लागत का अधिकतम 50% या 10,000/- रुपए जो भी कम हो, अनुदान का प्रावधान है। यह प्रोजेक्ट पूरे प्रदेश में क्रियान्वित है।

मिट्टी परीक्षण कार्यक्रम

मिट्टी—मिट्टी परीक्षण रिपोर्ट एक अत्यंत महत्त्वपूर्ण जानकारी है, जिसका प्रभाव फसल उत्पादन की प्रक्रिया से जुड़ा हुआ है। विभाग के अंतर्गत 24 मिट्टी परीक्षण प्रयोगशालाएं मध्य प्रदेश राज्य कृषि विपणन बोर्ड के अंतर्गत 26, जवाहरलाल नेहरू कृषि विश्वविद्यालय द्वारा 9 एवं राजमाता कृषि विश्वविद्यालय ग्वालियर द्वारा 16 प्रयोगशालाएं चलाई जा रही हैं। इस प्रकार प्रदेश के सभी जिलों में कुल 75 प्रयोगशालाएं कार्यरत हैं, जिनमें से विभागीय समस्त प्रयोगशालाओं में सूक्ष्म तत्वों के परीक्षण की भी व्यवस्था है।

प्रयोगशालाओं में मुख्य तत्व नत्रजन, स्फुर, पोटाश, सूक्ष्म तत्व जिंक, कॉपर मैगनीज एवं आयरन तत्वों के विश्लेषण मृदा की अम्लता एवं क्षारीयता तथा विद्युत चालकता ज्ञात करने की सुविधा है।

प्रश्नमाला

1. मध्य प्रदेश में राज्य पशुधन एवं कुक्कुट विकास निगम की स्थापना कब हुई?
   (a) 1978   (b) 1982
   (c) 1984   (d) 1989

2. मध्य प्रदेश में बीज एवं फार्म विकास निगम का मुख्यालय कहां है?
   - (a) ग्वालियर में
   - (b) रीवा में
   - (c) भोपाल में
   - (d) सतना में

3. मध्य प्रदेश के किस जिले में अफीम की खेती की जाती है?
   - (a) मंदसौर
   - (b) मण्डला
   - (c) शहडोल
   - (d) झाबुआ

4. भारत में सोयाबीन का अग्रणी उत्पादक राज्य कौन-सा है?
   - (a) गुजरात
   - (b) राजस्थान
   - (c) हिमाचल प्रदेश
   - (d) मध्यप्रदेश

5. निम्नलिखित फसलों में सूखा क्षेत्रों के लिए मध्य प्रदेश में उपर्युक्त फसल कौन-सी है?
   - (a) मूंग
   - (b) सनई
   - (c) पटसन
   - (d) मेस्टा

6. निम्नलिखित में से कौन-सी एक मध्य प्रदेश में नगदी फसल है?
   - (a) बाजरा
   - (b) मूंगफली
   - (c) मक्का
   - (d) ज्वार

7. चावल, कपास एवं ज्वार क्षेत्र के अंतर्गत आने वाले जिले हैं:
   - (a) सिवनी
   - (b) छिंदवाड़ा
   - (c) बैतूल
   - (d) उपर्युक्त सभी

8. मध्य प्रदेश का निम्नलिखित कौन-सा क्षेत्र चावल तथा कपास का क्षेत्र कहलाता है?
   - (a) खंडवा
   - (b) शिवपुरी
   - (c) ग्वालियर
   - (d) शाजापुर

9. किसानों की समस्याओं से संबंधित देश का पहला 'किसान कॉल' सेंटर प्रदेश के किस स्थान पर खोला गया है?
   - (a) भोपाल
   - (b) बरेठा
   - (c) नरसिंहपुर
   - (d) धुगरी

10. मध्य प्रदेश का एकमात्र गांजा उत्पादक जिला कौन-सा है?
    - (a) बड़वानी
    - (b) खंडवा
    - (c) बैतूल
    - (d) खरगौन

11. राज्य में मौसम के आधार पर फसलों को कितने भागों में बांटा गया है?
    - (a) दो
    - (b) तीन
    - (c) चार
    - (d) पांच

12. मध्य प्रदेश का निम्नलिखित कौन-सा जिला-समूह ज्वार का क्षेत्र कहलाता है?
    - (a) पन्ना, टीकमगढ़, रीवा
    - (b) गुना, शिवपुरी, श्योपुर
    - (c) भिण्ड, मुरैना, ग्वालियर
    - (d) खरगौन, बड़वानी, धार

13. मध्य प्रदेश में सबसे अधिक बोई जाने वाली फसल निम्नलिखित में कौन है?
    - (a) सोयाबीन
    - (b) ज्वार
    - (c) धान
    - (d) बाजरा

14. मध्य प्रदेश में मूंगफली का सर्वाधिक उत्पादक जिला कौन-सा है?
    - (a) रतलाम
    - (b) खरगौन
    - (c) हरदा
    - (d) देवास

15. मध्य प्रदेश की तिलहन फसलें हैं :
    - (a) सूर्यमुखी
    - (b) सरसों
    - (c) अलसी
    - (d) उपर्युक्त सभी

उत्तरमाला

1. (b)　2. (c)　3. (a)　4. (d)　5. (d)　6. (b)
7. (d)　8. (a)　9. (a)　10. (c)　11. (b)　12. (b)
13. (c)　14. (b)　15. (d)

□□□

वन तथा वन्य जीव

वन क्षेत्र की विशालता की दृष्टि से मध्य प्रदेश बहुत समृद्ध राज्य है। वनों का शत-प्रतिशत राष्ट्रीयकरण करने वाला मध्य प्रदेश देश का पहला एवं एकमात्र राज्य है। मध्य प्रदेश के वनों में मुख्यत: साल, बबूल, सलाइ, घावरा, तेंदू, महुआ, टीक, अन्जम और हर्रा के वृक्ष हैं। वन के क्षेत्रफल की दृष्टि से असम के बाद मध्य प्रदेश का ही स्थान आता है। प्राकृतिक वनस्पति की इस सम्पन्नता का कारण यह है कि मध्य प्रदेश के पथरीले और पहाड़ी भागों में कृषि सम्भव नहीं है। अत: ऐसा पूरा क्षेत्र प्राकृतिक वन सम्पदा के विकास में महत्त्वपूर्ण कारक है।

क्र.सं.	वन प्रकार समूह	वन आच्छादन का प्रतिशत
1.	उष्णकटिबन्धीय नम पर्णपाती वन	8.97
2.	उष्णकटिबन्धीय शुष्क पर्णपाती वन	88.65
3.	उष्णकटिबंधीय कंटक वन	0.26

मध्य प्रदेश को 16 वनक्षेत्रीय मण्डल, 9 राष्ट्रीय उद्यान और 25 अभ्यारण्यों में विभाजित किया गया है। वन मण्डल में 63 वन प्रभाग शामिल हैं। प्रत्येक कृषि जलवायु क्षेत्र में एक अनुसन्धान विस्तार इकाई है।

देश के 131 कृषि जलवायु क्षेत्रों में से मध्य प्रदेश में 11 क्षेत्र उपलब्ध हैं। यहां औषधि उद्योग में इस्तेमाल होने वाली 50: से अधिक जड़ी-बूटियों का प्राकृतिक निवास स्थान है।

रिकॉर्डेड वन क्षेत्र

रिजर्व	61,886 वर्ग किमी
संरक्षित	31,098 वर्ग किमी
अवर्गीकृत	1,705 वर्ग किमी
कुल	94,689 वर्ग किमी
राज्य का प्रतिशत	30.72% वर्ग किमी
भारत का प्रतिशत	12,27% वर्ग किमी

वनों का शासकीय विभाजन

मध्य प्रदेश का पूरा क्षेत्र वन विभाग के नियन्त्रण में है। राज्य के वनों का वर्गीकरण निम्नलिखित तीन प्रकार से किया गया है—

1. **संरक्षित वन**—संरक्षित वन ऐसे वन हैं जिनकी रक्षा के लिए शासकीय देख-रेख होती है। इसका नष्ट होना हानिकारक है। लेकिन इनकी देख-रेख के लिए बनाए गए प्रशासनिक नियम बहुत ही शिथिल हैं। इन वनों में निवास करने वाले लोगों को पशुचारण तथा लकड़ी आदि काटने की सुविधाएं मिली हुई हैं।

2. **आरक्षित वन**—इस प्रकार के वन वे वन हैं जहां वनों का नष्ट किया जाना अति हानिकारक माना गया है। इस प्रकार के वनों में पशुचारण भी दण्डनीय अपराध घोषित किया गया है।

3. **अवर्गीकृत वन**—जिन वनों का अभी तक वर्गीकरण नहीं किया गया है, उन्हें अवर्गीकृत वन कहते हैं। इस प्रकार के वनों में इच्छानुसार वृक्ष काटने और पशुओं को चराने की पूर्ण व्यवस्था है।

प्रशासनिक नियन्त्रण के आधार पर भी वनों को निम्नलिखित 3 वर्गों में विभाजित किया गया है—

(A) **निजी वन**—निजी वन व्यक्तिगत लोगों के अधिकार में होते हैं।

(B) **निगत निकाय वन**—जिन वनों पर स्थानीय नगरपालिकाओं तथा परिषदों का नियन्त्रण होता है। वे निगम निकाय वन कहलाते हैं।

(C) **राजकीय वन**—जिन वनों पर पूर्ण रूप से शासकीय नियन्त्रण होता है उन्हें राजकीय वन कहते हैं।

वन्य जीवन के मामले में मध्य प्रदेश बहुत ही समृद्ध राज्य है। वनस्पतियों और जीवों की समृद्धतम विविधता के साथ मध्य प्रदेश भारत के ऐसे चुनिंदा राज्यों में से एक है।

जिलानुसार वन आवरण-2015

जिले	अति सघन वन	सघन वन	खुले वन	कुल
बालाघाट	1326	2683	961	4970
बड़वानी	0	188	781	969
बैतूल	201	1967	1402	3570
भिण्ड	0	29	69	98
भोपाल	0	128	237	365
छतरपुर	184	821	738	1743
छिंदवाड़ा	575	2039	1917	4531
दमोह	2	862	1743	2606
दतिया	0	78	79	157
देवास	13	952	928	1891
धार	0	137	596	732
डिण्डोरी	1032	1171	553	2756
पूर्व निमाड़	200	1820	1376	3387
गुना	2	698	1402	2101
ग्वालियर	1	328	864	1193
हरदा	19	541	458	1016
होशंगाबाद	274	1373	777	2424
इन्दौर	0	369	335	704
जबलपुर	36	514	620	1170
झाबुआ	0	255	682	937
कटनी	102	606	572	1280
मण्डला	751	1204	880	2835

Cont...

मन्दसौर	0	40	220	260
मुरैना	0	98	632	730
नरसिंहपुर	60	665	632	1357
नीमच	0	121	700	821
पन्ना	85	1497	1069	2651
रायसेन	22	1331	1377	2730
राजगढ़	0	39	114	153
रतलाम	0	4	54	58
रीवा	65	397	315	777
सागर	2	1174	1714	2890
सतना	13	938	782	1733
सीहौर	25	653	703	1381
सिओनी	240	1802	1040	3082
शहडौल	244	1253	1222	2719
शाजापुर	0	5	24	29
श्योपुर	6	1393	2112	3511
शिवपुरी	19	784	1630	2433
सिधा	716	1931	1438	4085
टीकमगढ़	1	93	309	403
उज्जैन	0	4	26	30
उमरिया	411	1084	537	2032
विदिशा	1	361	502	864
पश्चिम निमाड़	1	472	825	1298
कुल योग	**6,629**	**34,902**	**35,931**	**77,462**

वनों के प्रकार

वर्षा, तापमान एवं अन्य भौगोलिक कारणों से प्रदेश में विभिन्न प्रकार के वन पाए जाते हैं। प्रदेश में सामान्यतया उष्णकटिबन्धीय वनों की प्रधानता है।

1. **उष्ण कटिबन्धीय पर्णपाती वन**—ये वन 50 से 100 सेमी वर्षा वाले क्षेत्रों में पाए जाते हैं। ग्रीष्म ऋतु में जल के अभाव के कारण वृक्ष अपनी पत्तियां गिरा देते हैं। इन वनों में उत्तम इमारती लकड़ी पाई जाती है। सागौन, शीशम, नीम, पीपल आदि वृक्ष इन वनों की विशेषता है। ये वन सागर, जबलपुर, छिंदवाड़ा, दमोह, छतरपुर, पन्ना, बैतूल, सिवनी और होशंगाबाद जिलों में पाये जाते हैं।

2. **उष्ण कटिबन्धीय अर्द्धपर्णपाती वन**—ये वन 100 से 150 सेमी वर्षा वाले क्षेत्रों में पाए जाते हैं। इन वनों में बीजा, धोरा तिन्सा, जामुन, महुआ, सेजा, हर्रा आदि के वृक्ष मिलते हैं। लेकिन साल, सागौन, बांस आदि के वृक्षों की बहुतायत होती है। ये वन राज्य के शहडोल, मण्डला, बालाघाट और सीधी जिलों में पाए जाते हैं।

3. **उष्ण कटिबन्धीय शुष्क पर्णपाती वन**—ये वन 25 सेमी. से 75 सेमी. वर्षा वाले क्षेत्रों में मिलते हैं। इन वनों में बबूल, कीकर, हर्रा, पलाश, तेन्दू, धौरा, शीशम, हल्दू, सागौन, सिरिस आदि के वृक्ष पाए जाते हैं। ये वन श्योपुरी, रतलाम, मन्दसौर, दतिया, टीकमगढ़, ग्वालियर, खरगौन आदि जिलों में मिलते हैं।

वन संसाधन

1. **इमारती लकड़ी**—इस तरह की लकड़ी साल, सागौन, शीशम आदि के वृक्षों से मिलती है। राज्य के बैतूल, खरगौन, मण्डला, सिवनी एवं छिंदवाड़ा जिलों में प्रचुर मात्रा में वृक्षों से प्राप्त होती है।

2. **ईंधन योग्य लकड़ी**—ईंधन योग्य लकड़ी में बबूल, महुआ, छावड़ा आदि वृक्षों की लकड़ी उपयोग में लाई जाती है। राज्य के खंडवा, इन्दौर और होशंगाबाद जिलों में ईंधन की लकड़ी प्रचुर मात्रा में वृक्षों से प्राप्त की जाती है।

3. **बांस**—प्रदेश में बांस प्रचुर मात्रा में प्राप्त होता है। इसकी प्राप्ति के जिले हैं—बैतूल, बालाघाट, सिवनी, सागर, मण्डला, जबलपुर, झबुआ, भोपाल आदि।

4. **बीड़ी बनाने के लिए तेंदु पत्ता**—राज्य के जबलपुर, रीवा, सागर, शहडोल आदि जिलों में पाया जाता है। बीड़ी उद्योग में तेंदु पत्ता का उपयोग बड़े पैमाने पर किया जाता है। अधिकांश तेंदु पत्ता मध्य प्रदेश से इस उद्योग के लिए प्राप्त किया जाता है।

5. **कागज बनाने की लकड़ी**—प्रदेश में कागज बनाने के लिए बांस एवं अन्य प्रकार की लकड़ी भी यहां प्रचुर मात्रा में पायी जाती है।

6. **गोंद**—मध्य प्रदेश में गोंद बबूल, खेट, साज, सेनियल एवं छावड़ा आदि वृक्षों से प्राप्त किया जाता है। यह वृक्ष राज्य के सीधी एवं शहडोल जिलों में प्रचुर मात्रा में पाए जाते हैं।

7. **लाख**—लाख मुख्यतया अरहर, बेट, घोंट एवं पलाश के वृक्षों से प्राप्त किया जाता है। यह वृक्ष शहडोल, सिवनी, होशंगाबाद एवं जबलपुर जिलों में पाए जाते हैं।

राज्य में वन संरक्षण योजनाएं

● **वृक्षारोपण योजना**—सामाजिक वानिकी विभाग एवं वन विभाग द्वारा मिलकर वृक्षारोपण कार्यक्रम चलाए जाते हैं।

● **सामाजिक वानिकी योजना, 1976—उद्देश्य**—निजी रोपणियों को बढावा देना, कृषकों को उनकी भूमि में वृक्षारोपण, कृषि वानिकी, मेढ़ वृक्षारोपण हेतु प्रोत्साहित करना है।

● **विकेन्द्री रोपणी योजना—उद्देश्य**—वानिकी के प्रति आम लोगों में रुचि जागृत करना है।

● **सामुदायिक भूमि पर प्रदर्शन क्षेत्र योजना—उद्देश्य**—सामाजिक वानिकी कार्यक्रम के अन्तर्गत प्रदर्शन क्षेत्र के निर्माण हेतु वृक्षारोपण करने का लक्ष्य रखा गया।

वन्य जीव

प्राचीन काल से ही मध्य प्रदेश वन्य प्राणियों के सन्दर्भ में सम्पन्न राज्य है। देश के विभिन्न क्षेत्रों पर पाए जाने वाले वन्य प्राणी इस राज्य में देखे जा सकते हैं। इन्हें सुरक्षित करने के लिए म.प्र. ने वन जीव संरक्षण के लिए 1974 में अधिनियम बनाया तथा वन्य प्राणी संरक्षण के लिए कान्हा किसली राष्ट्रीय उद्यान में प्रशिक्षण की व्यवस्था की गई है। म.प्र. की स्थापना के 25 वर्ष पूरे होने पर सरकार ने नवम्बर, 1981 को बारहसिंगा को राजकीय पशु दूधराज के शाहबुलबुल को राज्य का पक्षी एवं बरगद को राज्य वृक्ष घोषित किया है। म.प्र. में देश के सर्वाधिक राष्ट्रीय उद्यान एवं अभ्यारण्य हैं।

म.प्र. शासन द्वारा वन्य जीव संरक्षण हेतु राष्ट्रीय उद्यान कान्हा किसली में प्रशिक्षण केन्द्र की स्थापना की गई है।

मध्य प्रदेश के राष्ट्रीय उद्यान

क्र. सं.	राष्ट्रीय उद्यान वर्ष	स्थापना वर्ग किमी	क्षेत्रफल	जिला	वन्य प्राणी
1.	कान्हा किसली	1955	940	मंडला	बाघ, तेंदुआ, चीतल, सांभर, गौर, कृष्णमृग बायसन, बारहसिंगा।
2.	माधव	1958	337	शिवपुरी	तेंदुआ, सांभर, चीतल
3.	बांधबगढ़	1968	437	उमरिया	बाघ, तेंदुआ, चीतल सांभर
4.	वन विहार	1979	4.45	भोपाल	म.प्र. के सभी वन्यप्राणी
5.	पन्ना	1981	543	पन्ना	बाघ, तेंदुआ, चीतल, छतरपुर सांभर, चिंकारा
6.	सतपुड़ा	1981	524	होशंगाबाद	बाघ, तेंदुआ, सांभर, चीतल
7.	फॉसिल	1983	0.27	डिण्डोरी	वनस्पति, जीवाश्म
8.	पेंच (इन्दिरा प्रियदर्शनी राष्ट्रीय उद्यान)		293	सिवनी/ छिन्दवाड़ा	बाघ, तेंदुआ, चीतल, सांभर, गौर

मध्य प्रदेश के अभ्यारण्य

क्र. सं.	नाम	जिला	क्षेत्रफल वर्ग किमी	मुख्य प्राणी
1.	बगदरा	सीधी	279	काला हिरण, तेंदुआ, नीलगाय, चिंकारा।
2.	बोरी	होशंगाबाद	518	शेर, तेंदुआ, चीतल।
3.	फैन	मण्डला	110.74	शेर, तेंदुआ, चीतल, सांभर।
4.	गांधी सागर	मन्दसौर	224.65	नीलगाय, चिंकारा, तेंदुआ।
5.	घाटीगांव	ग्वालियर	512	सोन चिड़िया, काला हिरण।
6.	करेरा	शिवपुरी	202.21	सोन चिड़िया, चीतल, काला हिरण।
7.	केन	छतरपुर	45	घड़ियाल, मगर।
8.	सिवनी	देवास	187.70	तेंदुआ, सांभर, चीतल।
9.	चम्बल	मुरैना	3902	घड़ियाल, मगर, कछुआ, डाल्फिन, अन्य पक्षी।
10.	पंचमढ़ी	होशंगाबाद	461.85	शेर, तेंदुआ, चीतल, चिंकारा, नीलगाय, भालू।
11.	नौरादेही (सबसे बड़ा)	सागर	1034.52	नीलगाय, काला किरण, चीतल, सांभर, जंगली कुत्ता।
12.	पानपथा	शहडोल	245.84	शेर, तेदुआ, चीतल, सांभर, भालू, नीलगाय।

मध्य प्रदेश के बाघ अभ्यारण्य

क्र. सं.	बाघ अभ्यारण्य	स्थापना वर्ष	क्षेत्रफल (वर्ग किमी)	जिला
1.	बांधवगढ़	1968	437	उमरिया
2.	कान्हा	1955	940	मण्डला
3.	पेंच	1975	293	सिवनी/छिंदवाड़ा
4.	पन्ना	1981	543	पन्ना/छतरपुर
5.	सतपुड़ा	1983	525	होशंगाबाद
6.	संजय (डुबरी)	2008-09	364.69	सीधी

प्रश्नमाला

1. भारत में वनों का राष्ट्रीयकरण सबसे पहले किस राज्य ने किया था?
   (a) मध्य प्रदेश   (b) उत्तर प्रदेश   (c) झारखण्ड   (d) मिजोरम
2. मध्य प्रदेश में न्यूनतम वनों वाला जिला कौन-सा है?
   (a) राजगढ़   (b) झाबुआ   (c) भिण्ड   (d) शाजापुर
3. मध्य प्रदेश का राजकीय वृक्ष कौन-सा है?
   (a) अशोक   (b) आम   (c) पीपल   (d) बरगद
4. मध्य प्रदेश में किस प्रकार के वन पाए जाते हैं?
   (a) उपोष्ण कटिबंधीय   (b) उष्णकटिबंधीय
   (c) शुष्क कटिबंधीय   (d) इनमें से कोई नहीं
5. मध्य प्रदेश सरकार का राजकीय पुष्प कौन-सा है?
   (a) कमल   (b) लिलि   (c) गुलाब   (d) चमेली
6. भारत में सर्वाधिक तेंदू पत्ते का संग्रहण करने वाला राज्य कौन-सा है?
   (a) उत्तर प्रदेश   (b) बिहार   (c) छत्तीसगढ़   (d) मध्य प्रदेश
7. मध्य प्रदेश वन विभाग के अनुसार राज्य में वन क्षेत्रफल कितना है?
   (a) 94,689 वर्ग किमी   (b) 90,689 वर्ग किमी
   (c) 99,689 वर्ग किमी   (d) 96,689 वर्ग किमी
8. राज्य में प्रति व्यक्ति वन क्षेत्रफल कितना है?
   (a) 0.14 हेक्टेअर   (b) 0.16 हेक्टेअर
   (c) 0.18 हेक्टेअर   (d) 0.18 हेक्टेअर
9. वनों का राष्ट्रीयकरण किया गया है :
   (a) 1950 में   (b) 1960 में   (c) 1970 में   (d) 1980 में
10. सबसे अधिक आरक्षित वन किस जिले में पाये जाते हैं?
   (a) उज्जैन   (b) छिंदवाड़ा   (c) होशंगाबाद   (d) गुना

उत्तरमाला

1. (a)   2. (d)   3. (d)   4. (b)   5. (b)   6. (d)
7. (a)   8. (b)   9. (c)   10. (a)

□□□

उद्योग

राज्य में द्वितीय पंचवर्षीय योजना में उद्योगों का प्राथमिकता दी गई द्वितीय पंचवर्षीय योजना में 5.42 प्रतिशत उद्योग तथा उत्खनन के लिए निर्धारित किया गया था। इस दौरान मध्य प्रदेश में भिलाई लोहा इस्ताप कारखाना भोपाल हैवी इलेक्ट्रिकल्स, भोपाल पॉवर एल्कोहल एक्सट्रेक्ट प्लांट, रतलाम कॉटन सीड तथा सॉल्वेंट प्लांट और ग्वालियर में इण्डस्ट्रियल एस्टेट्स स्थापित की गई।

खनिज पर आधारित उद्योग

1. **सीमेंट उद्योग**—प्रदेश में चूना पत्थर प्रचुर मात्रा में पाया जाता है जिससे सीमेंट उद्योग के लिए इस राज्य में अनुकूल दशाएं हैं। यहां सीमेंट के कई कारखाने हैं, जो इस प्रकार हैं—

   (i) **बानमोर फैक्ट्री**—यह फैक्ट्री सन् 1922 में मुरैना जिले के बानमोर नामक स्थान पर एसोसियेटेड सीमेंट कंपनी के स्वामित्व में गठित की गई थी। यह कारखाना आर्द्र प्रौद्योगिक विधि के द्वारा साधारण पोर्टलैण्ड सीमेंट का उत्पादन करता है। इसकी उत्पादन क्षमता 60,000 मी. टन से अधिक है तथा यहां 800 से अधिक मजदूरों को रोजगार प्राप्त है।

   (ii) **मैहर फैक्ट्री**—यह फैक्ट्री 1980-81 में सतना जिले में स्थापित हुई थी। इसकी उत्पादन क्षमता 75,000 लाख मी. टन सीमेंट है और यहां लगभग 1500 श्रमिक कार्यरत हैं।

   (iii) **सतना सीमेंट वर्क्स**—यह पोर्टलैण्ड सीमेंट का कारखाना है। इसकी स्थापना बिड़ला जूट मैन्युफेक्चरिंग कम्पनी ने 1959 में की थी। इसकी उत्पादन क्षमता 6 लाख मी. टन है तथा यहां लगभग 1100 लोग कार्यरत हैं।

प्रमुख सीमेंट के कारखाने

क्र. सं.	कारखाने	संबंधित जिला का नाम	स्थापना वर्ष
1.	बानमोर	मुरैना	1922
2.	सतना	सतना	1959
3.	कैमोर	कटनी	1923
4.	मैहर	सतना	1980
5.	नीमच	मंदसौर	1980
6.	मालनपुर	भिण्ड	1984

2. **भारी विद्युत उपकरण**—भोपाल में सन् 1960 में ब्रिटेन के एक कारखाने की मदद से सार्वजनिक क्षेत्र में बिजली का भारी सामान बनाने का कारखाना स्थापित किया गया। भारत हैवी इलेक्ट्रिकल्स के नाम से प्रसिद्ध यह इकाई वाष्प एवं जल टरबाईन, जनरेटर, ट्रांसफार्मर, स्विचगियर, रेक्टीफायर, विद्युत मोटर तथा रेलवे ट्रेक्शन हेतु विद्युत प्रणालियों आदि के निर्माण एवं आपूर्ति के क्षेत्र में निरंतर प्रगति की ओर अग्रसर है।

3. **चीनी मिट्टी उद्योग**—चीनी मिट्टी एवं फायर क्ले की उपलब्धता के आधार पर मध्य प्रदेश में यह उद्योग स्थापित हुआ है। ग्वालियर, जबलपुर तथा रतलाम में चीनी मिट्टी के

बर्तन बनाए जाते हैं। जबलपुर एवं कटनी में फायर क्ले से ईंटें आदि बनाई जाती हैं। प्याले, तश्तरी तथा अचार पॉट जबलपुर में तथा चाय, दूध आदि के बर्तन ग्वालियर में बनाए जाते हैं। जबलपुर तथा कटनी में मिलने वाले क्ले से पाइप तथा बेसिन इत्यादि बनते हैं।

वनों पर आधारित उद्योग-धंधे

1. **कागज उद्योग**—1948-49 में 'नेशनल न्यूज प्रिंट एण्ड पेपर मिल नेपानगर (खंडवा) तथा ओरियन्ट पेपर मिल (शहडोल) की स्थापना के बाद प्रदेश के कागज उद्योग को एक नई दिशा मिली है। इसके अलावा भोपाल, रतलाम तथा ग्वालियर में भी कागज बनाया जाता है। इंदौर में महीन कागज तथा होशंगाबाद में नोट छापने का कागज बनाया जाता है। करेंसी छापाखाना देवास में स्थित है।

   नेशनल न्यूज प्रिंट एण्ड पेपर मिल, नेपानगर की वार्षिक स्थापित क्षमता 88 हजार मीट्रिक टन है। नेपा लिमिटेड की स्थापना के बाद अब अखबारी कागज विदेशों से आयात नहीं करना पड़ता है।
2. **बीड़ी उद्योग**—प्रदेश में तेंदूपत्ता प्रचुर मात्रा में पाया जाता है। यह तेंदूपत्ता कई परिवारों के जीविकोपार्जन का साधन है। तेंदूपत्तों को संगृहित कर बीड़ियां बनाना प्रदेश के उन श्रमिकों का प्रमुख धंधा है जो अवकाश मजदूरी करते हैं तथा कभी भी फैक्ट्रियों से निकाल दिए जाते हैं। इस व्यवसाय में न केवल पुरुष, बल्कि बूढ़े, महिलाएं व बच्चे भी संलग्न हैं। इस उद्योग का सबसे महत्वपूर्ण केंद्र जबलपुर है।

कृषि पर आधारित उद्योग

1. **चीनी उद्योग**—प्रदेश में गन्ने की फसल, नकदी फसलों में प्रमुख है। फलतः यहां कई चीनी (शक्कर) कारखाने हैं। इसमें प्रमुख हैं—भोपाल शुगर मिल्स, सीहोर, डबरा शुगर मिल्स लिमिटेड, डबरा (ग्वालियर); जीवाजी राव शुगर कंपनी लिमिटेड, दालौदा (जिला मंदसौर), सेठ गोविंदराम शुगर मिल, महिदपुर रोड (जिला उज्जैन); जावरा शुगर मिल्स लिमिटेड, जावरा (जिला रतलाम)। इनके अतिरिक्त सारंगपुर, बरलई एवं आलोट में भी चीनी के कारखाने हैं।
2. **सूती कपड़ा उद्योग**—सूती कपड़ा उत्पादन की दृष्टि से प्रदेश का स्थान महाराष्ट्र व गुजरात के बाद तीसरा है। इंदौर राज्य का सबसे बड़ा कपड़ा उत्पादक केंद्र है। मध्य प्रदेश की वर्धा व पूर्णा नदी की घाटियों में कपास की खेती की जाती है। बरोरा की खानों से कोयला व चंबल योजना से रियायती दामों पर विद्युत व सस्ते श्रम की उपलब्धता प्रदेश में उद्योग के विकास के सहायक घटक रहे हैं। इन सूती कारखानों का संकेंद्रण पश्चिमी मध्य प्रदेश में है, जिनमें इंदौर, ग्वालियर व उज्जैन प्रमुख हैं।
3. **रेशम उद्योग**—प्राकृतिक रेशम उद्योग के उत्पादन को बढ़ावा देने के लिए 1984 में रेशम संचालनालय की स्थापना की गई है। हितग्राहियों को रेशम कृषि पालन, धागाकरण एवं बुनाई कार्य का प्रशिक्षण देने के उद्देश्य से दो मिनी आई.टी.आई. गुना एवं बारासिवनी (बालाघाट) में स्थापित किए गए हैं।

   कृषि वानिकी पर आधारित रेशम उद्योग का मुख्य उद्देश्य ग्राम में ही ग्रामीणों को रोजगार के लाभदायक साधन उपलब्ध कराना है।

(4) **वनस्पति घी**—प्रदेश में वनस्पति घी के कारखाने प्रमुख रूप से जबलपुर, खंडवा, ग्वालियर, गंजबासौदा (जिला विदिशा) आदि में स्थित हैं। इन कारखानों की संख्या 10 है।

अन्य उद्योग

1. **हथकरघा उद्योग**—राज्य शासन द्वारा हथकरघा उद्योग के विकास हेतु संचालित समस्त योजनाओं एवं कार्यक्रमों का मुख्य उद्देश्य हथकरघा के वस्त्र उत्पादन में यथासंभव वृद्धि के साथ-साथ सहकारिता के आधार पर बुनकरों को रोजगार उपलब्ध करना है ताकि उनकी आर्थिक स्थिति सुदृढ़ हो सके। चंदेरी और माहेश्वर पारंपरिक हस्तशिल्प और हथकरघे से बने कपड़ों के लिए प्रसिद्ध है।

2. **पावरलूम उद्योग**—कपड़ा मिलों के लगातार बंद होने पर उसका स्थान पावरलूम उद्योग ले रहा है। पावरलूम उद्योग के विकास के लिए विभिन्न कार्यक्रम चलाए जा रहे हैं जिनमें सहकारी समितियों एवं पावरलूम बुनकरों की आर्थिक स्थिति सुदृढ़ करने के लिए ब्याज अनुदान, अंशपूंजी, ऋण अनुदान, मार्जिन मनी, शासकीय धनवेष्ठन, बुनकरों के प्रशिक्षण, नए पावरलूम के क्रय हेतु सहायता, समूह पावरलूम कर्मशाला भवन, आवास गृह में पावरलूम लगाने हेतु सहायता तथा बुनकरों की बीमा योजनाएं प्रमुख हैं।

कुटीर उद्योग

मध्य प्रदेश की जनता का बड़ा भाग कुटीर उद्योगों से अपना जीवकोपार्जन चला रहा है। यहां के प्रमुख कुटीर उद्योग हैं—बीड़ी, सिगार व तंबाकू का निर्माण, हथकरघा कपड़े का उद्योग जिसमें चंदेरी की साड़ियां विश्वविख्यात हैं; जूट, बटुआ व सिल्क का काम; शीशे, मोती, लाख के जेवरात; हीरा को तराशना व उन पर पॉलिश करना; खजूर के पत्तों का सामान बनाना; कपड़ों की छपाई, खाद्य पदार्थों में बेकरी, आचार, चटनी आदि बनाना; मधुमक्खी पालन आदि प्रमुख हैं।

मध्य प्रदेश के प्रमुख औद्योगिक केंद्र

मध्य प्रदेश शासन द्वारा निम्नलिखित क्षेत्रों को औद्योगिक विकास केंद्र के रूप में घोषित किया गया है—

मध्य प्रदेश के प्रमुख औद्योगिक केंद्र

क्र.सं.	स्थान	जिला	क्र. सं.	स्थान	जिला
1.	पीथमपुर	धार	2.	मेघनगर	झाबुआ
3.	मनेरी	मण्डला	4.	पुरैना	पन्ना
5.	पीलूखेड़ी	राजगढ़	6.	मालनपुर	भिण्ड
7.	प्रतापपुरा	टीकमगढ़	8.	बैढ़न	सीधी

अन्य केंद्रीय सार्वजनिक क्षेत्र के प्रतिष्ठान

1.	भारत हैवी इलेक्ट्रिकल लि. पिलानी	भोपाल	स्विच गियर, कंट्रोलगियर, ट्रांसफार्मर टरबाइन ट्रेक्शन आदि
2.	नेशनल न्यूज प्रिंट एवं पेपर, नेपानगर	खंडवा	अखबारी कागज
3.	गेल इंडिया लिमिटेड	गुना	गैस
4.	आयरन फाउण्ड्री	जबलपुर	कच्चा लोहा

कृषि उद्योग विकास निगम द्वारा स्थापित उद्योग

क्र.	उद्योगों के नाम	स्थान	संबंधित उत्पाद
	स्वस्थापित इकाइयां		
1.	कीटनाशक संयंत्र	बीना	बी.एच.सी., डी.डी.टी. मेलाथियन एवं कालबोरिल
2.	जीवाणु खाद्य संयंत्र	भोपाल	राइजोबियम कल्चर 'एजेटोबेक्टर'
3.	ऑयल एवं पशु आहार संयंत्र	मुरैना	सरसों तेल एवं पशु आहार
4.	पोषण आहार संयंत्र	धार	पोषण आहार
5.	फल संवर्द्धन इकाई	भोपाल	जेम, जैली, केचप एवं पेय
6.	यंत्रीकृत कृषि प्रक्षेत्र	बाबई (होशंगाबाद)	प्रमाणित बीज, रेशम उद्योग
	संयुक्त क्षेत्र		
1.	एम.पी एग्रो मोरारजी फर्टिलाइजर्स लि.	इटारसी (होशंगाबाद)	दानेदार मिश्रित खाद
2.	ऑयल एवं पशु आहार संयंत्र	मुरैना	सरसों का तेल एवं पशु आहार
	प्रस्तावित प्रतिष्ठान		
1.	स्ट्रॉ बोर्ड मिल	शाजापुर	स्ट्रॉ बोर्ड
2.	पंजीरी संयंत्र, ग्वालियर, जबलपुर	भोपाल	पोषण आहार

विशेष आर्थिक प्रक्षेत्र

वैश्वीकरण एवं उदार आर्थिक नीतियों के फलस्वरूप देश एवं प्रदेश में औद्योगिक गतिविधियों का विस्तार हुआ है। एस.ई. जेड. वस्तुतः फॉरैन टेरेटरी के रूप में विकसित किए गए हैं एवं यहां स्थापित होने वाले उद्योग/सेवा व्यवसाय को विभिन्न करों से मुक्ति उपलब्ध होगी।

विशेष आर्थिक प्रक्षेत्र

एस.ई.जेड का प्रकार	विकासकर्ता एजेंसी का नाम	प्रस्तावित स्थल एवं पता
मल्टी प्रोडक्ट एस.ई. जेड, इंदौर	औद्योगिक केंद्र विकास निगम, इंदौर	जिला इंदौर
क्रिस्टल आई.टी. इंदौरपार्क, इंदौर	औद्योगिक केंद्र, विकास निगम	जिला इंदौर
प्रोडक्ट स्पेसिफिक (एल्युमिनियम) एस.ई.जेड.	मेसर्स हिण्डाल्को इंटर इंडस्ट्रीज लि. मुंबई	जिला सीधी
मिनरल एण्ड मिनरल बेस्ड प्रोडेक्टस	औद्योगिक केंद्र विकास निगम, जबलपुर	जिला जबलपुर
हरगढ़ जिला जबलपुर में हिरन नदी पर आधारित 7.5 एमएलडी प्रदाय योजना	औद्योगिक केंद्र विकास निगम, जबलपुर	जिला जबलपुर

प्रश्नमाला

1. निम्नलिखित उपक्रमों में से कौन-सा उपक्रम राज्य उपक्रम है?
   (a) गन कैरिज फैक्ट्री - जबलपुर
   (b) रेलवे कोच फैक्ट्री - भोपाल
   (c) एल्कोहाइड फैक्ट्री - नीमच
   (d) पॉवर एल्कोहल प्लांट - रतलाम
2. निम्नलिखित उद्योगों को उनके स्थापना स्थल से मिलान कीजिए-

सूची I		*सूची II*	
A.	टीसू पेपर बनाने का कारखाना	1.	इटारसी
B.	लकड़ी चीरने का कारखाना	2.	इंदौर
C.	चिकबोर्ड बनाने का कारखाना	3.	उमरिया
D.	लाख बनाने का कारखाना	4.	जबलपुर

कूट:

	A	B	C	D
(a)	2	4	1	3
(b)	1	2	3	4
(c)	2	4	1	3
(d)	4	1	2	3

3. मध्य प्रदेश में जेम्स एवं ज्वेलरी पार्क कहां स्थापित है?
   (a) इंदौर (b) राजगढ़ (c) देवास (d) उज्जैन
4. मध्य प्रदेश के नवीन औद्योगिक क्षेत्रों में से किसमें मोटरगाड़ी उद्योग स्थापित किया गया है?
   (a) सरदारपुर (b) पीथमपुर (c) घाटीगांव (d) पालपुर कुना
5. मध्य प्रदेश शासन का सबसे बड़ा उपक्रम निम्नलिखित में से कौन-सा है?
   (a) मध्य प्रदेश वित्त निगम
   (b) मध्य प्रदेश विद्युत् मण्डल
   (c) मध्य प्रदेश परिवहन निगम
   (d) मध्य प्रदेश लघु उद्योग निगम
6. मध्य प्रदेश में इंजन वॉल्व कहां बनाए जाते हैं?
   (a) भोपाल (b) बुधनी (c) अमलाई (d) रतलाम
7. ओरिएंटल पेपर मिल कहां स्थित है?
   (a) होशंगाबाद (b) शहडोल (c) नेपानगर (d) देवास
8. वस्त्र उद्योग में मध्य प्रदेश का देश में कौन-सा स्थान है?
   (a) प्रथम (b) दूसरा (c) तीसरा (d) चौथा
9. मध्य प्रदेश में सीमेंट कॉर्पोरेशन ऑफ इण्डिया किस जिले में स्थित है?
   (a) ग्वालियर (b) उज्जैन (c) कटनी (d) खंडवा
10. मध्य प्रदेश के किस स्थान पर खैर से कत्था बनाने का कारखाना स्थापित है?
   (a) शिवपुरी (b) भोपाल (c) सीहोर (d) रायसेन

उत्तरमाला

1. (d) 2. (a) 3. (a) 4. (b) 5. (b) 6. (a)
7. (b) 8. (c) 9. (c) 10. (a)

❑❑❑

ऊर्जा

म.प्र. में विद्युत् उत्पादन 1905 में ग्वालियर से 240 के.बी. स्टीम टर्बाइन से शुरू हुआ था, जो निजी कंपनियों एवं देशी रियासतों के स्वामित्व वाले विद्युत् गृहों से किया जाता था। भारत सरकार ने विद्युत् प्रदाय अधिनियम, 1948 में बनाया, इसके बाद विद्युत् प्रदाय का कार्य म.प्र. विद्युत मण्डल को हस्तांतरित कर दिया। म.प्र. विद्युत् मंडल स्वतंत्रता के बाद देश में स्थापित होने वाला प्रथम विद्युत् मंडल है। इसका मुख्यालय जबलपुर में है।

राज्य में ऊर्जा के परम्परागत एवं गैर-परंपरागत ऊर्जा स्रोतों के विकास के उद्देश्य से 1982 में 'म.प्र. ऊर्जा विकास निगम' की स्थापना की गई।

तापीय विद्युत् केंद्र

विद्युत् उत्पादन हेतु जिन केंद्रों में कोयले का उपयोग किया जाता है, उन्हें ताप विद्युत् केंद्र कहते हैं।

1. **चांदनी ताप विद्युत् केंद्र**—म.प्र. का पहला ताप विद्युत् केंद्र है। यह विद्युत् केंद्र नेपानगर (खंडवा) में 1953 में स्थापित किया गया, इसकी उत्पादन क्षमता 17 मेगावाट है। यहां तवा क्षेत्र का कोयला एवं पानी उपयोग किया जाता है। इसका उपयोग बुरहानपुर की नेपानगर कागज मिल को विद्युत् आपूर्ति के लिए किया जाता है।
2. **विंध्याचल ताप विद्युत् केंद्र**—सिंगरौली जिले के बैढ़न में स्थित है। इसे सिंगरौली का कोयला और हिन्द जलाशय का पानी मिलता है। इसकी उत्पादन क्षमता 2260 मेगावाट है। यह तीन राज्यों—म.प्र., उत्तर प्रदेश एवं गुजरात की संयुक्त परियोजना है। यह एन.टी.पी. सी. द्वारा संचालित होता है।
3. **संजय ताप विद्युत् केंद्र**—यह उमरिया जिले के वीरसिंहपुर (पाली) में स्थित है। इस केंद्र को कोयला जोहिला क्षेत्र से प्राप्त होता है। 210 मेगावाट की 4 इकाइयां स्थापित हैं। इसकी उत्पादन क्षमता 1340 मेगावाट है।
4. **जबलपुर ताप विद्युत् केंद्र**—यह म.प्र. विद्युत् मंडल द्वारा 1960 में स्थापित किया गया। इस केंद्र में जबलपुर का कोयला एवं नर्मदा नदी का पानी प्रयोग किया जाता है। इसकी उत्पादन क्षमता 151 मेगावाट है।

जल विद्युत्

1. **नर्मदा घाटी परियोजना**—इसमें निम्नलिखित जल विद्युत् परियोजनाएं हैं—
   - **इंदिरा सागर जल विद्युत् केंद्र**—खंडवा जिले के पुनासा में नर्मदा नदी पर स्थापित है। इसकी उत्पादन क्षमता 1000 मेगावाट है।
   - **ओंकारेश्वर जल विद्युत् केंद्र**—खंडवा जिले के ओंकारेश्वर में नर्मदा नदी पर स्थापित इस केंद्र की उत्पादन क्षमता 520 मेगावाट है।
   - **महेश्वर जल विद्युत् केंद्र**—धार जिले के महेश्वर में नर्मदा नदी पर वर्ष 1994 में स्थापित इस केंद्र की उत्पादन क्षमता 450 मेगावाट है।

2. **चंबल नदी घाटी परियोजना**—यह प्रदेश की पहली नदी घाटी परियोजना है, जिससे जल विद्युत् प्राप्त करने का कार्य किया गया। इसका विकास द्वितीय पंचवर्षीय योजना के अंतर्गत किया गया था। इसमें तीन बांध, पांच बिजली एवं एक सिंचाई परियोजना बनाई गई है। इसमें निम्नलिखित जल विद्युत् गृह बनाए गए हैं—

❖ **गांधी सागर जल विद्युत् केंद्र**—यह विद्युत् केंद्र मंदसौर जिले के भानपुरा तहसील में 1960 में निर्मित किया गया। इसमें 23000 किलोवाट शक्ति के 5 विद्युत् उत्पादन संयंत्र लगाए गए हैं। इस केंद्र की क्षमता 115 मेगावाट है। यह म.प्र. एवं राजस्थान की संयुक्त परियोजना है।

❖ **राणा प्रताप सागर जल विद्युत् केंद्र**—यह गांधी सागर से 48 किलोमीटर दूर धूलिया प्रपात के पास रावतभाटा (चित्तौड़गढ़, राजस्थान) में बनाया गया है। इसकी उत्पादन क्षमता 172 मेगावाट है, जिसमें 86 मेगावाट म.प्र. को शेष राजस्थान को विद्युत् आपूर्ति होती है।

3. **टोंस जल विद्युत् केंद्र**—म.प्र. के रीवा जिले में 1990 में टोंस नदी पर स्थापित किया गया है। इसकी उत्पादन क्षमता 315 मेगावाट है।

गैर-परंपरागत ऊर्जा स्रोत

विश्व में ऊर्जा संकट गहराने के बाद लोगों का ध्यान नए ऊर्जा स्रोतों के तरफ जा रहा है, जो मानव के आसपास उपलब्ध हैं।

म.प्र. में परंपरागत ऊर्जा के संरक्षण हेतु गैर-परंपरागत ऊर्जा स्रोतों के विकास को प्रोत्साहित किया जा रहा है, जिनमें पवन, सौर, बायोगैस, बायोमास, जैविक ऊर्जा जैसे संसाधनों से ऊर्जा प्राप्त करने के प्रयास तीव्रता से चलाए जा रहे हैं। अत: राज्य ऊर्जा विकास निगम द्वारा इन संसाधनों का दोहन सरलतापूर्वक किया जा रहा है। म.प्र. इन स्रोतों के उपयोग में द्वितीय स्थान पर आ गया है। ये स्रोत निम्न हैं—

● **पवन ऊर्जा**—पवन ऊर्जा हेतु आदर्श वायु गति 8 से 23 किमी प्रति सेकण्ड होती है। म.प्र. का वायु वेग 9.4 किमी प्रति सेकण्ड है। राज्य में 148 पवन चक्कियां स्थापित की गई हैं। सर्वाधिक इंदौर, देवास में हैं। देवास के निकट जगोदरानी में निजी क्षेत्र के साथ देश में पहली ज्वाइंट सेक्टर कंपनी म.प्र. विण्ड फार्म लिमिटेड गठित की गई है। बैतूल, रतलाम और शाजापुर में पवन ऊर्जा की पवन चक्कियां स्थापित की गई हैं। पवन ऊर्जा से विद्युत् उत्पादन हेतु 8 स्थान चिह्नित किए गए हैं, जिनकी उत्पादन क्षमता 1200 मेगावाट है।

● **सौर ऊर्जा**—सूर्य पृथ्वी पर ऊर्जा का सबसे बड़ा स्रोत है। इस ऊर्जा का उपयोग खाना पकाने, पानी गर्म करने, अनाज-फल सुखाने सहित यांत्रिक एवं विद्युत् ऊर्जा उत्पन्न करने जैसे कार्यों में किया जाता है। म.प्र. में सौर ऊर्जा से विद्युत् बनाने का कारखाना सर्वप्रथम इंदौर में स्थापित किया गया है। झाबुआ जिले के गांवों में सौर ऊर्जा से बिजली तैयार की जाती है। देश का सबसे बड़ा सौर ऊर्जा गर्म जल संयत्र भोपाल डेयरी में स्थापित है। भोपाल एवं राजगढ़ (खिलचीपुर) में क्रमश: 10 एवं 100 किलोवाट क्षमता के सौर पावर प्लांट स्थापित हो रहे हैं। प्रदेश में लगभग 297 मेगावाट की सौर ऊर्जा परियोजनाएं निर्माणाधीन हैं। देश की सबसे बड़ी एकली सौर ऊर्जा परियोजना नीमच जिले में स्थित है।

एकमे सोलर एनर्जी म.प्र. प्राइवेट लिमिटेड राजगढ़ जिले के ग्राम बघेली में 25 मेगावाट क्षमता का सोलर पावर प्लांट स्थापित है। एन.टी.पी.सी. म.प्र. के राजगढ़ जिले में ₹700 करोड़ की अनुमानित लागत से 50 मेगावाट का सौर ऊर्जा संयंत्र स्थापित करने जा रही है।

- **बायोगैस**—इसे सुलभ ऊर्जा भी कहा जाता है। जीवों के उत्सर्जित पदार्थ, पौधों एवं उद्योगों के अवशिष्ट की डायजेस्ट में कम-से-कम ताप में लाया जाता है। इससे माइक्रोन निकलता है और ऊर्जा प्राप्त की जाती है, जिसे भोजन पकाने एवं प्रकाश व्यवस्था के लिए उपयोग किया जाता है। भोपाल के भदभदा में पशुपालन विभाग ने 1984 में पहली बार 85 घन मीटर क्षमता वाला बायोगैस प्लांट स्थापित किया।

प्रश्नमाला

1. मध्य प्रदेश राज्य विद्युत मण्डल का प्रमुख कार्यालय कहां स्थित है?
(a) बैतुल (b) इटारसी (c) जबलपुर (d) शहडोल
2. गोविन्द बल्लभ पंत सागर आधा उत्तर प्रदेश एवं आधा मध्य प्रदेश में बना है, मध्यप्रदेश के यह किस जिले में है?
(a) सीधी (b) सतना (c) डिंडोरी (d) अनूपपुर
3. विंध्याचल ताप परियोजना निमन में से किन दो राज्यों की संयुक्त परियोजना है?
(a) मध्य प्रदेश-उत्तर प्रदेश (b) मध्य प्रदेश-महाराष्ट्र
(c) मध्य प्रदेश-गुजरात (d) मध्य प्रदेश-ओडिशा
4. वेनगंगा परियोजना से लाभान्वित होने वाले मुख्य जिले कौन-से हैं?
(a) बालाघाट, सिवनी (b) झाबुआ, रतलाम
(c) रायसेन, विदिशा (d) हरदा, बडवानी
5. सरदार सरोवर विद्युत उत्पादन में मध्यप्रदेश का कितना हिस्सा है?
(a) 57 प्रतिशत (b) 58 प्रतिशत (c) 59 प्रतिशत (d) 60 प्रतिशत
6. देश का पहला बायोमास गैसी फायर संयंत्र कहां है?
(a) बैतूल (b) बुरहानपुर (c) ग्वालियर (d) भोपाल
7. मध्य प्रदेश का प्रथम सौर ऊर्जा अनुसंधान केंद्र कहां पर स्थापित किया गया है?
(a) कस्तूरबा (इंदौर) (b) शाहपुरा (मण्डला)
(c) सबलगढ़ (उज्जैन) (d) मनासा (मंदसौर)
8. मध्य प्रदेश की ऊर्जा राजधानी है-
(a) सीधी (b) गुना (c) उमरिया (d) बैतुल
9. मध्य प्रदेश का सबसे बड़ा सौर ऊर्जा संयंत्र कहां पर स्थित है?
(a) इटारसी (b) नलखेड़ा (c) सुसनेर (d) भगवानपुर
10. पेंच जल-विद्युत परियोजना किन राज्यों की संयुक्त परियोजना है?
(a) मध्य प्रदेश एवं महाराष्ट्र (b) मध्य प्रदेश एवं ओडिशा
(c) मध्य प्रदेश एवं राजस्थान (d) मध्य प्रदेश एवं उत्तर प्रदेश

उत्तरमाला

1. (c) 2. (a) 3. (c) 4. (a) 5. (a) 6. (a)
7. (b) 8. (a) 9. (a) 10. (a)

❑❑❑

खनिज संसाधन

मध्य प्रदेश खनिज उत्पादक राज्यों में चौथे स्थान पर है। यहां पर 27 प्रकार के खनिज पाए जाते हैं, लेकिन 20 प्रकार के खनिजों का उत्पादन होता है। अधिकांश खनिज क्षेत्र पूर्वी म.प्र. में हैं, जबकि प्रमुख औद्योगिक केंद्र पश्चिमी म.प्र. में केंद्रित हैं।

प्रमुख खनिज

1. **मैंगनीज**—मध्य प्रदेश मैंगनीज का मुख्य उत्पादक राज्य है। मध्य प्रदेश में देश के कुल भण्डार का 50 प्रतिशत मैंगनीज पाया जाता है।
   मध्य प्रदेश में मैंगनीज का सबसे बड़ा भंडार बालाघाट और छिंदवाड़ा में है। मध्य प्रदेश में मैंगनीज का भण्डार 196.2 लाख टन है जिसमें से बालाघाट में मैंगनीज का कुल संचित भण्डार 181 लाख टन है जिसमें से 65 लाख टन उत्तम प्रकार का है जो 41.50 प्रतिशत के धात्विक रूप के साथ यहां के 21 क्षेत्रों में बिखरा है, जिसमें तिरोड़ी, रामरमा, केटगमेर, चिकमारा, सिरपुर, बलबुदा, साओरनी, चांदा डोट, सोनेगांव, नदगांव, चिबरोघाट नेतरा, बालाघाट, लंगूर, सेकवा, सीतापहाड़, सुकरी, हतोरा, मिरगपुर तथा भरवेरी उल्लेखनीय हैं। इसी तरह से दूसरा प्रमुख मैंगनीज क्षेत्र छिंदवाड़ा है जहां अनुमानित भण्डार 150 लाख टन है जो काची थाना, गैमुख, सीतापुर, घोटी, गोवारी व धोना में विस्तृत है। बालाघाट-छिंदवाड़ा का उत्खनन क्षेत्र रेलवे लाइनों द्वारा मुख्य लाइनों से जुड़ा है जिससे उत्पादन तथा निर्यात में सुविधा होती है। इसके अतिरिक्त झाबुआ के थांदला, कजला, डामरी तथा खरगौन के बड़वाहा नगर के समीप मैंगनीज के निक्षेप मिले हैं।
2. **बॉक्साइट**—मध्य प्रदेश में बॉक्साइट के अनुमानित भण्डार 20 से 30 करोड़ टन हैं। प्रदेश में बॉक्साइट का प्रमुख स्रोत विंध्यन युग की बालू शैलिका और क्वार्टजाइट है। मध्य प्रदेश के पश्चिमी एवं दक्षिणी जिले बॉक्साइट की दृष्टि से प्रमुख क्षेत्र कहे जा सकते हैं, परन्तु उत्खनन का कार्य जबलपुर, मण्डला, शहडोल, सतना तथा रीवा में ही हो रहा है। जबलपुर तथा इसके आस-पास के क्षेत्रों में बॉक्साइट के बड़े भण्डारों का पता लगा है। यहां के कटनी, टिकरी तथा टिकुरिया में लगभग 5.35 लाख टन के भण्डार हैं। इसी प्रकार सतना के परासमनिया तथा नारोहित में एवं बालाघाट व शहडोल में भी वृहत् स्तर पर निक्षेप प्राप्त हुए हैं। प्रदेश के मण्डला जिले में लखेरारिज, चांदी पहाड़, काकड़ा पहाड़, माताटीला में बॉक्साइट के निक्षेप पाए गए हैं। शहडोल में अमरकंटक खपरीपानी, सरहा के दक्षिण की पहाड़ी पौड़ी, बहेड़ा एवं दिबिकी बनिया में बॉक्साइट के विशाल भण्डार हैं। अमरकंटक में उत्खनित बॉक्साइट रेनुकूट एल्युमीनियम मिर्जापुर, उत्तर प्रदेश के कारखाने को भेजा जाता है। रीवा जिले के बेकर क्षेत्र में उच्च श्रेणी के बॉक्साइट मिलने के अनुमान हैं।
3. **कोयला**—मध्य प्रदेश में कोयला पर पर्याप्त भंडार है और कोयले के उत्पादन में देश में इसका महत्वपूर्ण स्थान है। राज्य में कोयला का कुल भंडार 19,232 मिलियन टन है। मध्य प्रदेश के कोयला क्षेत्र लोअर गोंडवाला कोयला क्षेत्र के भाग हैं।

मध्य भारत कोयला क्षेत्र

इसका विस्तार सीधी शहडोल जिलों में है। इसके अंतर्गत निम्नलिखित क्षेत्र हैं—

(i) **उमरिया क्षेत्र**—यह सबसे छोटा क्षेत्र है, जिसका क्षेत्रफल 15.5 वर्ग किमी है। इसमें कोयले की छः तहें मिलती हैं, जिसमें से चार का उत्खनन संभव है।

(ii) **कोरार क्षेत्र**—इसका क्षेत्रफल 24 वर्ग किमी है। यहां चार तहें मिलती हैं जो 1.2 से 2.4 मीटर तक मोटी हैं।

(iii) **जोहिला नदी क्षेत्र**—इसका क्षेत्रफल 39 वर्ग किमी है। यह क्षेत्र कोरार के दक्षिण में वीरसिंहपुर के निकट पड़ता है जो कटनी बिलासपुर रेलवे लाइन पर स्थित है। यहां कोयले की 6 मी मोटी परतें हैं।

(iv) **सोहागपुर क्षेत्र**—यह भूतपूर्व रीवा राज्य का (शहडोल जिला) सबसे बड़ा कोयला क्षेत्र है। इसका क्षेत्रफल 4142 वर्ग किमी है। सोनहट, झिलमिली तथा कोरिया को अलग करके सोहागपुर का क्षेत्र 3.106 वर्ग किमी है। इस क्षेत्र में कोयले की कई तहें हैं, जिनमें प्रथम श्रेणी का कोयला भी शामिल है। बुढार, आमलाई तथा धनपुरी में 1.5 मी 4.6 मी तथा 6.7 मी मोटी तहें मिली हैं।

सतपुड़ा प्रदेश के क्षेत्र

यह नर्मदा, कान्हन तथा पेंच नदियों की घाटी में स्थित है। इसके अंतर्गत निम्नलिखित क्षेत्र आते हैं—

(i) **मोहपानी**—यहां 0.9–5.4 मीटर तक मोटी चार तहें मिली हैं, यद्यपि यहां का कोयला साधारण प्रकार का है, किंतु मुंबई-जबलपुर रेलवे लाइन के निकट होने के कारण यहां उत्खनन लाभप्रद और सुविधाजनक है।

(ii) **शाहपुर-तवा क्षेत्र**—यह बैतूल तथा होशंगाबाद के बीच तवा नदी की घाटी में पड़ता है। पाथाखेडा क्षेत्र में तीन तहें 1.2, 1.8 तथा 5.9 मीटर हैं तथा 59137 मीटर की गहराई तक है। इस प्रदेश में अन्य छोटी-छोटी खानें सोनादा, गुरमुण्ड, मर्दानपुर, बुलहारा, ब्रह्मणपारा-खापा तथा तांदसी है। तवा कोयला क्षेत्र में ही प्रसारणी नामक स्थान पर ताप विद्युत् केंद्र स्थापित किया गया है, जिसे इस क्षेत्र से कोयला प्राप्त होता है।

(iii) **कान्हन घाटी क्षेत्र**—इनमें दमुआ कालिन, छपार घोरावारी, नीमखेरा, पनारा, जिनौरा, दातला, जमाई तथा हिंगला देवी क्षेत्र सम्मिलित है। प्रारंभ में दमुआ खदान में 2 से 4.5 मीटर मोटी तह से कोयला निकाला जाता था। धोरावारी तह लगभग 4.5 मीटर मोटी है। उसके नीचे क्रमशः 4.5 तथा 3 मीटर मोटी तहें हैं।

लौह अयस्क

मध्य प्रदेश में लौह अयस्क के भण्डार पर्याप्त मात्रा में पाए जाते हैं। छत्तीसगढ़ के पृथक् हो जाने के बाद शेष मध्य प्रदेश को लौह अयस्क के क्षेत्र में काफी हानि उठानी पड़ी है। मध्य प्रदेश में पाया जाने वाला अधिकांश लौह अयस्क उत्तम श्रेणी का है जिसमें लोहे की मात्रा 67% तक होती है। संचित भंडारों की दृष्टि से देश में मध्य प्रदेश का स्थान पांचवां है।

मध्य प्रदेश के प्रमुख लौह भण्डार कैंब्रियन पूर्व युग की चट्टानों की परतों के रूप में मिलते हैं। जबलपुर में जलज चट्टानों में लौह अयस्क मिलता है। यह इस जिले के उत्तरी पूर्वी भाग में

है, जो क्वार्टजाइट, शैल तथा क्ले चट्टानों के बीच तहों के रूप में मिलता है। इस जिले का कुल अनुमानित भण्डार 123.88 मिलियन टन है। जबलपुर में पाए जाने वाले ज्यादातर भण्डार 45.60 प्रतिशत शुद्ध लोहे वाले हैं। कनवास, सरोही, जौली, लौराहिल, कुंमी, गोसलपुर, प्रतापपुर, विजयराघोगढ़ में भी लौह अयस्क के निक्षेप मिले हैं।

दक्कन ट्रैप की पहाड़ियों पर लैटेराइट में भी लौह संचय हुआ है। इस तरह के निक्षेप व्यापक रूप से मिलते हैं। बिजावर, ग्वालियर तथा विंध्यनकाल के लौह निक्षेप क्वार्टजाइट तथा शैल चट्टानों में मिलते हैं। इस प्रकार के भण्डार ग्वालियर, इंदौर, झाबुआ, धार तथा उज्जैन में पाए जाते हैं।

हीरा

मध्य प्रदेश देश का एकमात्र हीरा उत्पादक राज्य है। भारत में हीरा की प्रसिद्ध खानें कैमूर श्रेणी में पन्ना के चारों ओर स्थित है। यहां के विंध्य प्रदेश में हीरे की खदानें दो समांतर पेटियों में हैं। उत्तर-पूर्व से दक्षिण-पश्चिम में फैली आग्नेय चट्टानों की किंबरलाईट शैल हीरे का प्रमुख क्षेत्र है। यहां हीरे का कुल अनुमानित भण्डार 1001 हजार कैरेट है। दूसरी पेटी रीवा के पठार का सकरिया में झंडा (सतना) तक फैली है। उत्खनन का कार्य 'नेशनल मिनरल डेवलपमेंट कॉर्पोरेशन' द्वारा किया जाता है, परंतु पिछले कुछ वर्षों से निजी कंपनियां भी आगे आई हैं। मध्य प्रदेश में हीरों के प्रमुख उत्पादक क्षेत्र हैं—सतना जिले में माझगावां, पन्ना जिले में पन्ना और हीनोता तथा छतरपुर जिले में अंगौर। पन्ना जिले में भगेन नदी द्वारा निर्मित ढेर में रामखेरिया नामक स्थान पर 12 से 18 मी. की गहराई से हीरे प्राप्त किये जाते हैं। रामखेरिया में हीरे का अनुमानित भंडार 1,15,000 कैरेट है।

अभ्रक

अभ्रक परतदार, हलका और चमकीला खनिज है। यह पुरानी आग्नेय तथा कायांतरित शैलों में मिलता है। यह विद्युत का कुचालक है, अतः इसका प्रयोग विद्युत कार्यों में होता है। यह मध्य प्रदेश में बालाघाट, छिंदवाड़ा, होशंगाबाद, झबुआ, मंदसौर, नरसिंहपुर, शहडोल, सीधी और टीकमगढ़ जिले में मिलता है। मध्य प्रदेश में अभ्रक ग्वालियर, कड़प्पा शैलों में भी मिलता है।

चीनी मिट्टी

यह सफेद से राख के रंग की मिट्टी है जो अत्यधिक सुघटय तथा उच्च तापसह्य है और जलाने पर सिकुड़ती नहीं है। इसका मुख्यतः उपयोग बर्तन बनाने में किया जाता है। मध्य प्रदेश के प्रारंभिक कारखानों में सिरेमिक तथा रिफ्रेक्टरी वर्क्स, जबलपुर का नाम उल्लेखनीय है जहां पाइप, कांच के बर्तन, खपरे तथा अम्लसह वस्तुओं का निर्माण होता है। छिंदवाड़ा तथा जबलपुर में गोण्डवाना युग की चट्टानों में उत्तम प्रकार की मिट्टी मिलती है। राजगढ़ की खिचलीपुर तहसील में नेवाज मंदी की घाटी में तथा छिप्पी नदी की घाटी में चीनी मिट्टी पाई गई है। ग्वालियर में नाकुम पहाड़ी, अंतरी तथा जबलपुर, बैतूल, छतरपुर, सीधी, सतना आदि स्थानों पर भी चीनी मिट्टी पाई जाती है। इनके प्रमुख कारखाने जबलपुर व ग्वालियर में हैं।

अग्निरोधी मिट्टी

अधिकतर कोयले की खानों से प्राप्त यह मिट्टी 1600° फारेनहाइट तक भी नहीं जलती है। इसीलिए इसका उपयोग भट्टियों की ईंट बनाने तथा अन्य उच्चताप सह्य वस्तुओं के निर्माण में

किया जाता है। मध्य प्रदेश में गोण्डवाना युग की चट्टानों में इसके निक्षेप मिलते हैं, जबलपुर के दुबार तथा पिपरिया नरसिंहपुर के साली चौका, मानेगांव, सोनेरी तथा बधाई एवं छिंदवाड़ा के मुरिया नामक स्थान पर अग्नि मिट्टी पाई जाती है। शहडोल में अमदरी, बरौदी तथा चंदिया स्टेशन के निकट भी यह मिट्टी मिलती है। इसका उत्खनन जबलपुर, शहडोल तथा पन्ना में हो रहा है।

तांबा

अधिकतर आग्नेय और कायांतरित शैलों से प्राप्त यह अयस्क अत्यधिक लचीला तथा विद्युत् का सुचालक होता है। अतः इसका ज्यादातर प्रयोग विद्युत् यंत्रों में ही किया जाता है। मध्य प्रदेश में तांबे का प्रमुख क्षेत्र बालाघाट जिले की बैहर तहसील का 'मलाजखण्ड' है जिसमें 29.22 करोड़ टन भण्डार है, यह 170 मील लंबी और 20 मीटर चौड़ी पेटी है। मध्य प्रदेश में तांबा अयस्क का उत्खनन हिन्दुस्तान कॉपर लिमिटेड द्वारा किया जा रहा है। उल्लेखनीय है कि यह देश की सबसे बड़ी खुली खदान है। इसके अलावा जबलपुर के सलीमाबाद क्षेत्र में होशंगाबाद, नरसिंहपुर और सागर जिले में भी तांबा पाया जाता है। सीधी, छतरपुर तथा ग्वालियर जिलों में भी तांबे की एक पेटी मिली है जिसमें अभी तक उत्खनन योग्य खनिज नहीं मिला है।

चूना-पत्थर

मध्य प्रदेश चूना-पत्थर का एक प्रमुख उत्पादक है। यहां पाया जाने वाला चूने का पत्थर उत्तम श्रेणी का है, जिसमें 40 से 50 प्रतिशत तक चूने की मात्रा है। मध्य प्रदेश में जबलपुर, कटनी, मुड़वारा क्षेत्र में चूना पत्थर के निक्षेप प्राप्त होते हैं। विंध्यन युग की चट्टानें ग्वालियर तथा मुरैना में मिलती हैं, जिनका कैलारस तथा सेमाई में उत्खनन होता है। खरगौन, झाबुआ, धार, सतना, नरसिंहपुर, निमाड़ जिलों में भी चूने का पत्थर पाया जाता है। चूना-पत्थर के विशाल भण्डार से ही यह प्रदेश सीमेंट उद्योग के लिए अनुकूल माना जाता रहा है।

सेलखड़ी

इसे 'टाल्क' और 'स्टीएटाइट' भी कहा जाता है। इसका उपयोग चूल्हे, बर्तन, प्याले बनाने तथा कच्ची दालों को कीड़ों से बचाने के लिए किया जाता है। सौंदर्य प्रसाधन में प्रयुक्त पॉउडर में भी इसका प्रयोग होता है। प्रमुख रूप से यह नर्मदा घाटी से प्राप्त होती है। जबलपुर में भेड़ाघाट एवं कपौड़ भी प्रमुख प्राप्ति स्थान हैं।

टंगस्टन

टंगस्टन प्रमुख रूप से बूलफ्राम नामक खनिज से प्राप्त किया जाता है। यह कठोर, भारी और ऊंचे द्रवणांक (3382 से.ग्रे.) वाली धातु है जिसका उपयोग इस्पात को काटने, बिजली के बल्ब के फिलामेण्ट बनाने, एक्स-रे ट्यूब, फ्लोरोसेंट, रडार रेडियो, पारा संशोधकों, टेलीविजन यंत्रों आदि में किया जाता है। टंगस्टन खनिज मध्य प्रदेश में होशंगाबाद जिले के 'आगरगांव' नामक स्थान से प्राप्त होता है।

संगमरमर

जबलपुर में भेड़ाघाट तथा गवारीघाट, बैतूल, सिवनी तथा छिंदवाड़ा में आर्कियन युग की चट्टानों में संगमरमर के भण्डार मिले हैं।

मध्य प्रदेश के महत्वपूर्ण खनिज और उत्पादन क्षेत्र

खनिज	प्रमुख क्षेत्र
लौह अयस्क	मंडला, बालाघाट
मैंगनीज	बालाघाट, छिंदवाड़ा, झाबुआ, खरगौन
टंगस्टन	आगरगांव (होशंगाबाद)
सुरमा	जबलपुर
ग्रेफाइट	बैतूल
डोलोमाइट	बालाघाट, बैतूल, बस्तर, छिंदवाड़ा, जबलपुर
तांबा	मलाजखण्ड (बालाघाट), सलीमाबाद (जबलपुर), होशंगाबाद, सागर
टिन	गोविंदपुर, चुखाड़ा बैतूल
रॉक फॉस्फेट	झाबुआ, छतरपुर, सागर
फेल्सपार	छिंदवाड़ा, जबलपुर, शहडोल
बैराइट	देवास, धार, झाबुआ, जबलपुर, शिवपुरी, सीधी
संगमरमर	जबलपुर (सफेद), बैतूल, सिवनी, छिंदवाड़ा
कोयला	छिंदवाड़ा, होशंगाबाद, शहडोल, बैतूल
बॉक्साइट	फुटका, करेरा, कटनी, (जबलपुर), अमरकंटक (शहडोल), मैनपाट
अभ्रक	बालाघाट, छिंदवाड़ा, होशंगाबाद, झाबुआ, मन्दसौर
घीया पत्थर (टेल्क)	भेड़ा घाट (जबलपुर), झाबुआ, नरसिंहपुर
हीरा	पन्ना, हीनोता (पन्ना)
चीनी मिट्टी (केओलिन)	कटौली (रीवा), आंतरी, नवगांव (ग्वालियर) छिंदवाड़ा, लहेटा घाट (जबलपुर)

प्रश्नमाला

1. मध्य प्रदेश के बालाघाट जिले में पायी जानी वाली धारवाड़ शैल समूह को किस क्रम की संज्ञा दी जाती है?
   (a) सौंसर क्रम (b) संकोली क्रम
   (c) निपली क्रम (d) सकोली क्रम
2. मध्य प्रदेश में सर्वाधिक मात्रा में एस्बेस्टॉस कहां पाया जाता है?
   (a) बालाघाट (b) टीकमगढ़
   (c) सीधी (d) झाबुआ
3. निम्न में से किसमें लोहे की सर्वाधिक मात्रा पायी जाती है?
   (a) हेमेटाइट (b) मैग्नेटाइट
   (c) लाइमोनाइट (d) साइडेराइट
4. 'पन्ना' की प्रसिद्ध हीरे की खदानें निम्न में से किस क्रम के अंतर्गत आती हैं?
   (a) बिजावर क्रम (b) ग्वालियर क्रम
   (c) सौंसर क्रम (d) संकोली क्रम
5. निम्न में से कौन-सी खदान सबसे बड़ी (एशिया) मैंगनीज खदान है?

    (a) कजरी   (b) डोंगरी

    (c) थांदला   (d) भारवेली

6. मलाजखण्ड तांबा खदानें कहां स्थित हैं?

    (a) जबलपुर   (b) शिवपुरी

    (c) बालाघाट   (d) छतरपुर

7. मध्य प्रदेश का किस खनिज के उत्पादन में देश में प्रथम स्थान है?

    (a) हीरा   (b) पायरोफिलाइट

    (c) तांबा   (d) उपर्युक्त सभी

8. लौह-अयस्क के उत्पादन में मध्यप्रदेश का देश में कौन-सा स्थान प्राप्त है?

    (a) पहला   (b) दूसरा

    (c) तीसरा   (d) इनमें से कोई नहीं

9. टंगस्टन के लिए मध्यप्रदेश का कौन-सा क्षेत्र प्रसिद्ध है?

    (a) बुंदेलखण्ड क्षेत्र   (b) बघेलखण्ड क्षेत्र

    (c) बालाघाट क्षेत्र   (d) होशंगाबाद क्षेत्र

10. सिंगरौली कोयला खदानें मध्य प्रदेश के किस जिले में पड़ती हैं?

    (a) जबलपुर   (b) सीधी

    (c) नरसिंहपुर   (d) छिंदवाड़ा

11. मध्य प्रदेश माइनिंग कॉर्पोरेशन का मुख्यालय कहां है?

    (a) सतना   (b) भोपाल

    (c) ग्वालियर   (d) इंदौर

12. मध्य प्रदेश में सफेद संगमरमर निम्नलिखित में से किस स्थान पर अधिक उत्पादित होता है?

    (a) झाबुआ   (b) राजगढ़

    (c) शिवपुरी   (d) जबलपुर

उत्तरमाला

1. (c)   2. (d)   3. (b)   4. (a)   5. (d)   6. (c)

7. (a)   8. (d)   9. (d)   10. (b)   11. (b)   12. (d)

❏❏❏

पर्यटन

मध्य प्रदेश में पर्यटन के विविध रंग बिखरे हैं। हिन्दू, बौद्ध, जैन और इस्लाम धर्मों के अद्वितीय स्मारक तो हैं ही इसे खजुराहो, सांची और भीमबैटका जैसे तीन विश्व धरोहर होने का गौरव भी प्राप्त है। ऐतिहासिक और पुरातात्विक दृष्टि से माण्डू, ग्वालियर, ओरछा, खजुराहो एवं भीमबैठका आदि मिसाल हैं। प्राकृतिक सौन्दर्य की दृष्टि से पंचमढ़ी एवं अमरकंटक सुन्दर पर्वतीय क्षेत्र और भेड़ाघाट का जवाब ढूंढ़ना मुश्किल है। धार्मिक पर्यटन के लिहाज से धार्मिक रंग में रंगे चित्रकूट, ओरछा, मैहर, सांची और उज्जैन में होने वाले सिंहस्थ के दौरान की भीड़ लगी रहती है।

ऐतिहासिक एवं पुरातात्विक स्थल

खजुराहो (विश्व धरोहर)—छतरपुर जिले में स्थित है। यह देशी-विदेशी पर्यटकों की पहली पसन्द है। खजुराहो के मन्दिरों को उनके कालजयी स्वरूप के कारण यूनेस्को द्वारा विश्व धरोहर घोषित किया है। शताब्दियों पूर्व खजुराहो चन्देल शासकों का धार्मिक और सांस्कृतिक केन्द्र था। इसकी आधारशिला राजा चन्द्रवर्मा ने रखी थी। यह स्थान विभिन्न भौगोलिक इकाइयों से सम्बद्ध रहा, जिनमें चेदि, दशार्ण, चन्द्रखली, उहाल या उमाला और जेजाक भुक्ति प्रमुख हैं। इसमें से अन्तिम इकाई जेजाक भुक्ति के समय यह स्थान खर्जुर वाहक के तौर पर जाना जाता था। यहां के शासक समकालीन शासकों में उच्चकोटि के थे। अपने बाहुबल एवं सूझ-बूझ से चन्देल साम्राज्य को न केवल मजबूत किया, बल्कि लम्बे समय तक उत्तर भारत की राजनीतिक रंगमंच को सक्रिय रूप से प्रभावित किया। ऐसे शक्तिशाली नरेशों के शासनकाल में खजुराहो का उत्कर्ष हुआ, जिन्होंने गगनचुम्बी मन्दिरों से अलंकृत किया। इन मन्दिरों की मूर्तियों से चन्देलकालीन सामाजिक जीवन, वेशभूषा, केश विन्यास, वस्त्राभूषण, मनोरंजन, घरेलू उपकरण और आर्थिक जीवन के विविध पक्ष उजागर होते हैं।

दार्शनिक स्थल

1. **पश्चिम समूह** के मन्दिर जिनमें कन्दरिया महादेव, चौंसठ योगिनी, चित्रगुप्त, विश्वनाथ मन्दिर, लक्ष्मण मन्दिर एवं मातंगेश्वर मन्दिर।
2. **पूर्वी समूह**—पार्श्वनाथ मन्दिर, घटाई मन्दिर, आदिनाथ मन्दिर।
3. **दक्षिण समूह**—दूल्हादेव मन्दिर, चतुर्भुज मन्दिर।

इनके अलावा वेनीसागर बांध एवं रनेह प्रपात भी दर्शनीय हैं।

- **सांची (विश्व-धरोहर)**—रायसेन जिले में सांची नगर भोपाल से 45 किमी. दूर स्थित है। सांची को पूर्व में काकणाय, काकणादबोट, बोट-श्री पर्वतों के नामों से भी जाना जाता था। सांची के पुराने स्मारक मौर्य सम्राट अशोक ने बनवाए थे। उन्होंने विदिशा निवासी रानी देवी की इच्छा के मुताबिक सांची की पहाड़ी पर स्तूप विहार एवं एकाश्म स्तम्भ बनवाया था। स्तूप दो एवं तीन तथा मन्दिर का निर्माण शुंग काल में हुआ था। महात्मा बुद्ध के दो शिष्यों सारिपुत्र और महामोगलायन के अवशेष स्तूप नं. तीन के पास ही मिले थे।

♦ सांची बौद्ध धर्म के प्रमुख तीर्थ स्थान के तौर पर विख्यात है। ईसापूर्व तीसरी शताब्दी में बने स्तूप सांची के प्रमुख आकर्षण के केन्द्र हैं। इन स्तूपों का निर्माण सम्राट अशोक ने बौद्ध धर्म की दीक्षा लेने के बाद कराया।

♦ विश्व में बौद्ध धर्म का सबसे पहले प्रचार सांची से ही शुरू हुआ। सम्राट अशोक के पुत्र महेन्द्र और पुत्री संघमित्रा सांची से ही बोधिवृक्ष की शाखा लेकर श्रीलंका गए थे। वे अपनी मां के साथ सांची में निर्मित विहार में ठहरे भी थे।

♦ स्तूपों के तोरण द्वार पर जातक कथाएं भी अंकित हैं। मौर्यकाल के बाद शुंग, सातवाहन, काण्व एवं गुप्त शासनकाल में बौद्धस्थलों का विकास निरन्तर जारी रहा।

● **भीमबैटका (विश्व-धरोहर)**—विन्ध्य पर्वत मालाओं के उत्तरी छोर से घिरा भीमबैठका भोपाल से 40 कि.मी. दूर दक्षिण में स्थित है यह लगभग 10 कि.मी. लम्बा एवं चार कि.मी चौड़ाई में फैला हुआ है। यहां 500 से अधिक गुफाओं में लाखों साल पहले गुफावासियों के रोजमर्रा का जीवन दर्शाति शैलचित्र हैं। गुफाओं की भीतरी दीवारों पर जाने किस रंग से उकेरे हुए ये चित्र हैं जो लाखों वर्षों बाद भी अमिट हैं। भीमबैठका शैलाश्रय तथा उनमें उपलब्ध शैल चित्र की खोज का श्रेय प्रसिद्ध पुरातत्वविद् स्व. डॉ. विष्णुधर वाकणकर को जाता है। उन्होंने इस स्थल की खोज वर्ष 1957-58 में की थी। यहां आखेट, युद्ध, पशुपक्षी, धार्मिक तथा व्यक्ति चित्रों का अंकन है।

● **माण्डू**—माण्डू मूल रूप से मालवा के परमार राजाओं की राजधानी थी। 13वीं शताब्दी में मालवा के सुल्तान ने इस पर कब्जा कर लिया था। विन्ध्याचल पर्वत माला के शीर्ष समुद्री सतह से 2000 फुट की ऊंचाई पर बसा है। यहां से नर्मदा नदी एक लकीर की तरह दिखा करती है।

● **ओंकारेश्वर**—इसका प्राचीन नाम मान्धाता है। 12 ज्योतिर्लिंगों में ओंकारेश्वर की गणना की जाती है। ओंकारेश्वर में नर्मदाघाट, सिद्धनाथ मन्दिर, मार्कण्डेय आश्रम, चौबीस अवतार एवं ममलेश्वर महादेव आदि।

● **दर्शनीय स्थल**—महाकाल मन्दिर, काल भैरव, चौंसठ योगिनी, नगरकोट की रानी, गोपाल मन्दिर, मंगल नाथ, ज्योतिलिंग महाकालेश्वर, त्रिवेणी संगम पर नवग्रह मन्दिर, अवन्ति-पार्श्वनाथ मन्दिर, जामा मस्जिद, ख्वाजा शकेव की मस्जिद, बोहरों का रोजा, शाही मस्जिद, दिगम्बर जैन संग्रहालय, भारतीय कला भवन, दुर्गा प्रसाद राठौर की छत्री आदि।

● **चित्रकूट**—विंध्य पर्वतमाला के मध्य स्थित धार्मिक एवं नैसर्गिक सौन्दर्य नगरी है। लोक मान्यता है, कि भगवान राम ने 14 वर्ष के वनवास के दौरान चित्रकूट में 11 वर्ष का समय व्यतीत किया था। भक्त शिरोमणि तुलसीदास कृत रामचरित मानस में अनेक स्थानों पर चित्रकूट के प्रसंग मिलते हैं।

चित्रकूट अपने धार्मिक एवं सांस्कृतिक महत्त्व के कारण हमेशा तीर्थ यात्रियों के आकर्षण का केन्द्र रहा है।

● **दार्शनिक स्थल**—रामघाट में मन्दाकिनी नदी के तट पर स्थित घाटों की कतारें, कामदगिरी, जानकीकुण्ड, सती अनुसुइया आश्रम, स्फटिक शिला, गुप्त गोदावरी, हनुमानधारा, भरतकूप आदि।

प्राकृतिक सौंदर्य के स्थान

● **पंचमढ़ी**—प्रदेश ही नहीं देश के सर्वश्रेष्ठ पर्वतीय आकर्षणों में से एक है। इस पर्वत की खोज ब्रिटिश साम्राज्य के एक अधिकारी कैप्टन जे. फारसायथ ने की थी। जब कैप्टन फारसायथ ने

इस मनोरम स्थल के बारे में अंग्रेज अफसरों को बताया तो उन्होंने इसे विकसित करने की दिशा में पहल शुरू की। उन दिनों पंचमढ़ी पर कोरकू जागीरदारों का कब्जा था, अंग्रेज अफसरों ने जागीरदारों से भूमि खरीदी और इसके बाद योजनाओं को अंजाम दिया और इमारतों का निर्माण करवाया जो आज भी अपनी अतीत की कहानी कहती प्रतीत होती हैं। यह समुद्र तल से 3555 फुट की ऊंचाई पर स्थित है। इसका क्षेत्रफल वन सहित 60 वर्ग किमी. है। यहां अधिकतम तापमान 27.7 एवं न्यूनतम तापमान 8.3 सेण्टीग्रेड रहता है। यहां की स्वास्थ्यप्रद जलवायु मनोरम वादियां, आकर्षक जलप्रपात, मनभावन उद्यान एवं अनूठे फूल-पौधों का अनुपम सौन्दर्य दृश्य देखते ही बनता है।

- **दर्शनीय स्थल**—जटाशंकर, प्रियदर्शन पाइंट, पाण्डव गुफाएं, हांडी खो, बड़े महादेव, रजत प्रपात, गुप्त महादेव, रीछगढ़, चौरागढ़, बीफाल, धूपगढ़, संग्रहालय एवं पंचमढ़ी उद्यान आदि।
- **भेड़ाघाट**—यह जबलपुर मुख्यालय से 23 किमी. दूर स्थित है। भेड़ाघाट में पूर्णमासी की रात को संगमरमरी चट्टानों के मध्य से कलकल करती नर्मदा को देखना एक अलौकिक अनुभव प्राप्त होता है। भेड़ाघाट, नर्मदा के दोनों किनारों पर संगमरमरी चट्टानें अपने आप में प्रकृति की अनुपम कारीगरी की तरह है। संगमरमरी चट्टानों के मध्य जब नर्मदा अपना स्थान बनाकर आगे बढ़कर गहराई में गिरती है तो एक खूबसूरत प्रपात का सृजन होता है। ऊंचाई से जल गिरने के कारण पानी की बूंदें कोहरे का सृजन कर देती हैं। इसलिए इस प्रपात का नाम धुंआधार प्रपात पड़ा।
- **दार्शनिक स्थल**—बन्द कूदनी, चौसठ योगिनी का गोल तथा भव्य मन्दिर एवं शिव पार्वती की नन्दी पर आसीन प्राचीन सजीव मूर्ति विद्यमान है।

समाधि एवं मकबरे

मकबरे/समाधि	अवस्थित	विशेष
पेशवा बाजीराव की समाधि	खरगौन	
हुशंगशाह का मकबरा	माण्डू धार	पर्शियन कला का नमूना है। भारत में संगमरमर की प्रथम इमारत।
नवाब हसन सिद्धकी का मकबरा	भोपाल	संगमरमर से निर्मित स्थापत्य कला का नमूना।
तानसेन का मकबरा	ग्वालियर	पचपन वर्ग मीटर में फैला प्रदेश का सबसे बड़ा मकबरा है।
गौस मोहम्मद का मकबरा	ग्वालियर	तानसेन के गुरु और सिद्धपीर।
रानी दुर्गावती की समाधि	जबलपुर (बरेला)	गोंडवाना की प्रसिद्ध शासिका थी।

गुफाएं

गुफाएं	अवस्थित	विशेष
मृगेन्द्रनाथ गुफा	रायसेन	दुर्लभ रॉक पेंटिंग्स। खोज जुलाई 2009।
उदयगिरि की गुफाएं	(पाटनी गांव) विदिशा	यहां पर 20 गुफाएं हैं। गुफा नं. 2 व 20 जैन धर्म से सम्बन्धित हैं। जबकि नं. 5 में वाराह की विशाल प्रतिमा है।

Cont...

भृर्तहरि की गुफाएं	उज्जैन	परमार वंश के राजाओं ने 11वीं सदी में बनवाया था। गुफाओं में सभी चित्र रंगीन हैं।
बाघ की गुफाएं	धार	कलात्मक भित्ति चित्रों से युक्त पांचवीं से सातवीं सदी में विंध्याचल की पहाड़ियों में निर्मित बौद्ध बिहार, बौद्ध चित्र आदि।
भीम बैटका की गुफाएं	अब्दुल्लागंज रायसेन	भीमबैटका गुफाओं की खोज वाकणकर ने की थी। भीमबैटका विश्व का सबसे बड़ा गुफा समूह है। यूनेस्को ने इसे विश्व धरोहर में सम्मिलित किया है।

प्रमुख महल

महल	स्थान	विवरण
गूजरी महल	ग्वालियर	ग्वालियर दुर्ग में स्थित गूजरी महल का निर्माण राजा मानसिंह तोमर ने अपनी प्रेयसी मृगनयनी के लिए कराया था।
मोती महल	ग्वालियर	जीवाजी राव का सुन्दर महल। यहां म.प्र. का ए.जी. ऑफिस था।
जय विलास महल	ग्वालियर	जीवाजी राव सिंधिया का निवास। यहां का संग्रहालय प्रसिद्ध है। यह पश्चात्य नमूने का बना है।
बघेलिन महल	मण्डला	मोती महल से पूर्व में 3 किमी. दूर नर्मदा के किनारे निर्मित।
मदन महल	जबलपुर	मदन शाह गौंड राजा ने 1200 ई. में निर्माण कराया।
खरबूजा महल	धार	धार के किले में निर्मित इस महल के ऊपर से सम्पूर्ण नगर दिखाई देता है।
राजा मोहित का महल	रायसेन	रायसेन दुर्ग में स्थित, राजा राज-बसंती द्वारा निर्मित।
बादल महल	रायसेन	राजबसंती द्वारा निर्मित रायसेन दुर्ग में।
इत्रदार महल	रायसेन	रायसेन दुर्ग में स्थित।
हवा महल	मुंगावली स्टेशन	चन्देरी के किले से 38 किमी. दूर प्रतिहार राजा कीर्तिपाल द्वारा 11वीं शताब्दी में निर्मित।

प्रमुख दुर्ग व किले

नाम/स्थल	निर्माणकर्ता	वर्ष	उल्लेखनीय तथ्य
ग्वालियर दुर्ग	राजा सूरजसेन	525 वर्ष	5 द्वार : आलमारी दरवाजा, हिन्डोला दरवाजा, गूजरी महल दरवाजा चतुर्भुज मन्दिर दरवाजा, तेली का मन्दिर और हाथी फोड़ दरवाजा। इसे किलों का रत्न एवं जिब्राल्ट ऑफ इण्डिया कहा जाता है।
असीरगढ़ का किला	आसा अहीर राजा	10वीं शता.	आशा देवी की प्रतिमा व मन्दिर स्थित है। 10वीं शताब्दी में निर्मित एक प्राचीन शिव मन्दिर है।
चन्देरी का किला	प्रतिहार नरेश कीर्तिपाल	11वीं शता.	किले में जौहर कुण्ड, हवा महल, नौखण्डा तथा खूनी दरवाजा स्थित है।

प्रमुख संग्रहालय

संग्रहालय	जिला	स्थापना	संग्रह
जिला पुरातत्व संग्रहालय	धार	1902	पाषाण प्रतिमाएं, अभिलेख, परमारकालीन प्रतिमाएं, सल्तनत एवं मुगलकालीन सिक्के आदि।
जिला पुरातत्व संग्रहालय	शिवपुरी	1930	लगभग 600 जैन प्रतिमाएं, आंवरा उत्खनन से प्राप्त ताम्रयुगीन मृद भाण्ड, हिन्दू धर्म से सम्बन्धित नृत्य गणपति, पंचमुखी शिव, हनुमान आदि।
जिला पुरातत्व संग्रहालय	राजगढ़	1976	हिन्दू व जैन की प्रतिमाएं, कुछ तांबे के सिक्के।
तुलसी संग्रहालय	रामवन (सतना)	1978	भरहुत स्तूप के पुरावशेषों के संकलन, गुप्तकालीन, मौर्यकालीन प्रतिमाएं, जैन, वैष्णव शैव एवं शाक्त प्रमिताओं का संकलन, डाक टिकटों एवं देश के विद्वानों, महापुरुषों, विचारकों के हस्ताक्षरों का अनूठा संकलन।

प्रश्नमाला

1. चीनी यात्री ह्वेनसांग ने किस स्थल का भ्रमण किया था?
   (a) माहिष्मती   (b) कायथा
   (c) एरण   (d) नागदा
2. किलों का रत्न किस दुर्ग को कहा जाता है?
   (a) ग्वालियर दुर्ग   (b) गिन्नौरगढ़ का किला
   (c) मंदसौर का किला   (d) नरवर का किला
3. वेश्या टेकरी कहां पर स्थित है?
   (a) उज्जैन   (b) ग्वालियर
   (c) मण्डला   (d) ओरछा
4. मध्य प्रदेश पर्यटन दिवस समारोह का आयोजन किस तिथि को किया गया?
   (a) 1 फरवरी   (b) 10 मार्च
   (c) 15 अप्रैल   (d) 24 मई
5. बौद्ध जगत की पवित्र नगरी किस नगर का उपनाम है?
   (a) भोपाल   (b) रायसेन
   (c) दतिया   (d) इनमें से कोई नहीं
6. मध्य प्रदेश के किस पुरा स्थल से मानव खोपड़ी का कंकाल प्राप्त हुआ?
   (a) जटकरा   (b) पीनगर
   (c) तादौल   (d) हथनौरा
7. मध्य प्रदेश में दिल्ली दरवाजा कहां स्थित है?
   (a) धार   (b) ग्वालियर
   (c) माण्डू   (d) शिवपुरी

8. मध्य प्रदेश के किस जिले का जौहर कुण्ड प्रसिद्ध है?
    (a) धार
    (b) बांधोगढ़ का
    (c) माण्डू
    (d) रायसेन का

9. रानी लक्ष्मीबाई की समाधि किस जगह बनाई गई?
    (a) उज्जैन
    (b) ग्वालियर
    (c) झांसी
    (d) शहडोल

10. निम्न स्थलों में बंदरकूदनी कहां स्थित है?
    (a) ओंकारेश्वर
    (b) अमरकंटक
    (c) भेड़ाघाट
    (d) पचमढ़ी

11. मध्य प्रदेश में 'पशुपति नाथ का मंदिर' कहां स्थित है?
    (a) मंदसौर
    (b) सिवनी
    (c) हरदा
    (d) बड़वानी

12. उज्जैन के प्रसिद्ध गोपाल मंदिर का निर्माण किसने कराया था?
    (a) गिरबहादुर नागर
    (b) बायजा बाई
    (c) नरहरिशाह
    (d) छत्रसाल

उत्तरमाला

1. (a)	2. (a)	3. (a)	4. (d)	5. (d)	6. (d)
7. (c)	8. (c)	9. (b)	10. (c)	11. (a)	12. (b)

❑❑❑

मानव संसाधन और शिक्षा प्रणाली

वर्ष 2011 की जनगणना भारत की 15वीं तथा स्वतंत्र भारत की 7वीं अखिल भारतीय जनगणना है। म.प्र. में भी देश की तरह 2011 की जनगणना चरणों में संपादित हुई—प्रथम चरण में मकानों का सूचीकरण एवं मकानों की गणना, द्वितीय चरण में परिवार तथा व्यक्तियों के विवरण आदि। म.प्र. के अस्तित्व के बाद से वर्ष 2011 की जनगणना 6वीं जनगणना है। वर्ष 2011 अन्तिम आंकड़ों के अनुसार म.प्र. की जनसंख्या 7 करोड़ 26 लाख 26 हजार 809 है, इसमें 3,76,12,306 पुरुष एवं 3, 50,14,503 महिलाएं हैं। यहां की जनसंख्या वृद्धि दर 20.30 फीसदी है जो पिछले दशक से 3.96 फीसदी कम है, जो भारत की कुल जनसंख्या का 6% है।

मध्य प्रदेश जनगणना, 2011 : अंतिम आंकड़े

जनसंख्या, लिंगानुपात एवं जनघनत्व

क्र. सं.	जिले	जनसंख्या 2011 कुल व्यक्ति	पुरुष	महिलाएं	लिंगानुपात 2001	लिंगानुपात 2011	जनघनत्व 2001	जनघनत्व 2011
1.	श्योपुर	687861	361784	326077	895	901	85	104
2.	मुरैना	1965970	1068417	897553	822	840	319	394
3.	भिंड	1703005	926843	776162	829	837	320	382
4.	ग्वालियर	2032036	1090327	941709	848	864	358	446
5.	दतिया	786754	420157	366597	856	873	229	271
6.	शिवपुरी	1726050	919795	806225	859	877	140	171
7.	टीकमगढ़	1445166	760355	684811	886	901	238	286
8.	छतरपुर	1762375	936121	826254	869	883	170	203
9.	पन्ना	1016520	533480	483040	901	905	120	142
10.	सागर	2378458	1256257	1122201	884	893	197	232
11.	दमोह	1264219	661873	602346	901	910	148	173
12.	सतना	2228935	1157495	1071440	925	926	249	297
13.	रीवा	2365106	1225100	1140006	941	931	313	375
14.	उमरिया	644758	330674	314084	946	950	127	158
15.	नीमच	826067	422653	403414	950	954	171	194
16.	मंदसौर	1340411	682851	657560	956	963	214	242
17.	रतलाम	1455069	738241	716828	958	971	250	299
18.	उज्जैन	1986864	1016289	970575	938	955	281	326
19.	शाजापुर	1512681	780520	732161	927	938	208	244
20.	देवास	1563715	805359	758356	930	942	186	223
21.	धार	2185793	1112725	1073068	955	964	213	268
22.	इंदौर	3276697	1699627	1577070	912	928	633	841
23.	प.निमाड़	1873046	953121	919925	949	965	190	233
24.	बड़वानी	1385881	699340	686541	971	982	200	255
25.	राजगढ़	1545814	790212	755602	932	956	204	251
26.	विदिशा	1458875	769568	689307	875	896	165	198

Cont...

27.	भोपाल	2371061	1236130	1134931	895	918	665	855
28.	सीहोर	1311332	683743	627589	909	918	164	199
29.	रायसेन	1331597	700358	631239	881	901	133	157
30.	बैतूल	1575362	799236	776126	965	971	139	157
31.	हरदा	570465	294838	275627	919	935	142	171
32.	होशंगाबाद	1241350	648725	592625	896	914	162	185
33.	कटनी	1292042	662013	630029	941	952	215	261
34.	जबलपुर	2463289	1277278	1186011	908	929	413	473
35.	नरसिंहपुर	1091854	568810	523044	909	920	187	213
36.	डिंडोरी	704524	351913	352611	991	1002	78	94
37.	मंडला	1054905	525272	529633	996	1008	154	182
38.	छिंदवाड़ा	2090922	1064468	1026454	952	964	157	177
39.	सिवनी	1379131	695879	683252	981	982	133	157
40.	बालाघाट	1701698	842178	859520	1022	1021	162	184
41.	गुना	1241519	649362	592157	890	912	153	194
42.	अशोक नगर	845071	443837	401234	879	904	147	181
43.	शहडोल	1066063	540021	526042	954	974	146	172
44.	अनूपपुर	749237	379114	370123	961	976	178	200
45.	सीधी	1127033	575912	551121	942	957	188	232
46.	सिंगरौली	1178273	613637	564636	922	920	162	208
47.	झाबुआ	1025048	515023	510025	980	990	218	285
48.	अलीराजपुर	728999	362542	366457	995	1011	192	229
49.	पू.निमाड़	1310061	674329	635732	931	943	147	178
50.	बुरहानपुर	757847	388504	369343	944	951	185	221
	मध्य प्रदेश	**72626809**	**37612306**	**35014503**	**919**	**931**	**196**	**236**

मध्य प्रदेश : कुल जनसंख्या 2011 जिलों की क्रमवार स्थिति

क्र.	जिले	कुल व्यक्ति	क्र. सं.	जिले	कुल व्यक्ति
1.	इंदौर	3276697	2.	जबलपुर	3276697
3.	सागर	2378458	4.	भोपाल	2371061
5.	रीवा	2365106	6.	सतना	2228935
7.	धार	2185793	8.	छिन्दवाड़ा	2090922
9.	ग्वालियर	2032036	10.	उज्जैन	1986864
11.	मुरैना	1965970	12.	प.निमाड़	1873046
13.	छतरपुर	1762375	14.	शिवपुरी	1726050
15.	भिंड	1703005	16.	बालाघाट	1701698
17.	बैतूल	1575362	18.	देवास	1563715
19.	राजगढ़	1545814	20.	शाजापुर	1512681
21.	विदिशा	1458875	22.	रतलाम	1455069
23.	टीकमगढ़	1445166	24.	बड़वानी	1385881
25.	सिवनी	1379131	26.	मंदसौर	1340411
27.	रायसेन	1331597	28.	सिहोर	1311332
29.	पू.निमाड़	1310061	30.	कटनी	1292042

Cont...

31.	दमोह	1264219	32.	गुना	1241519
33.	होशंगाबाद	1241350	34.	सिंगरौली	1178273
35.	सीधी	1127033	36.	नरसिंहपुर	1091854
37.	शहडोल	1066063	38.	मंडला	1054905
39.	झाबुआ	1025048	40.	पन्ना	1016520
41.	अशोकनगर	845071	42.	नीमच	826067
43.	दतिया	786754	44.	बुरहानपुर	757847
45.	अनूपपुर	749237	46.	अलीराजपुर	728999
47.	डिंडोरी	704524	48.	श्योपुर	687861
49.	उमरिया	644758	50.	हरदा	570465

मध्य प्रदेश : लिंगानुपात 2011 जिलों की क्रमवार स्थिति

क्र. सं.	जिले	लिंगानुपात	क्र. सं.	जिले	लिंगानुपात
1.	बालाघाट	1021	2.	अलीराजपुर	1011
3.	मंडला	1008	4.	डिंडोरी	1002
5.	झाबुआ	990	6.	बड़वानी	982
7.	सिवनी	982	8.	अनूपपुर	976
9.	शहडोल	974	10.	बैतूल	971
11.	रतलाम	971	12.	प.निमाड़	965
13.	धार	964	14.	छिन्दवाड़ा	964
15.	मंदसौर	963	16.	सीधी	957
17.	राजगढ़	956	18.	उज्जैन	955
19.	नीमच	954	20.	कटनी	952
21.	बुरहानपुर	951	22.	उमरिया	950
23.	पू.निमाड़	943	24.	देवास	942
25.	शाजापुर	938	26.	हरदा	935
27.	रीवा	931	28.	जबलपुर	929
29.	इंदौर	928	30.	सतना	926
31.	सिंगरौली	920	32.	नरसिंहपुर	920
33.	भोपाल	918	34.	सीहोर	918
35.	होशंगाबाद	914	36.	गुना	912
37.	दमोह	910	38.	पन्ना	905
39.	अशोकनगर	904	40.	टीकमगढ़	901
41.	रायसेन	901	42.	श्योपुर	901
43.	विदिशा	896	44.	सागर	893
45.	छतरपुर	883	46.	शिवपुरी	877
47.	दतिया	873	48.	ग्वालियर	864
49.	मुरैना	840	50.	भिंड	837

मध्य प्रदेश : पुरुष साक्षरता दर 2011 जिलों की क्रमवार स्थिति

क्र. सं.	जिले	पुरुष साक्षरता %	क्र. सं.	जिले	पुरुष साक्षरता %
1.	जबलपुर	87.3	2.	इंदौर	87.3
3.	भोपाल	85.4	4.	बालाघाट	85.4
5.	भिंड	85.4	6.	मंदसौर	85.1
7.	सागर	84.8	8.	ग्वालियर	84.7
9.	दतिया	84.2	10.	नीमच	83.9

Cont...

11.	नरसिंहपुर	83.6	12.	उज्जैन	83.5
13.	होशंगाबाद	83.3	14.	मुरैना	82.9
15.	कटनी	81.9	16.	शाजापुर	81.5
17.	सतना	81.4	18.	रीवा	81.4
19.	हरदा	81.1	20.	रायसेन	80.8
21.	सीहोर	80.8	22.	सिवनी	80.4
23.	देवास	80.3	24.	दमोह	79.3
25.	विदिशा	79.1	26.	छिन्दवाड़ा	79.0
27.	अनूपपुर	78.3	28.	अशोक नगर	78.1
29.	मंडला	77.5	30.	रतलाम	77.5
31.	बैतूल	76.6	32.	पू.निमाड़	76.3
33.	शहडोल	76.1	34.	उमरिया	76.0
35.	डिंडोरी	75.5	36.	शिवपुरी	74.6
37.	सीधी	74.4	38.	पन्ना	74.1
39.	गुना	74.1	40.	राजगढ़	73.0
41.	छतरपुर	72.7	42.	प.निमाड़	72.1
43.	बुरहानपुर	71.8	44.	टीकमगढ़	71.8
45.	सिंगरौली	71.3	46.	श्योपुर	69.3
47.	धार	68.9	48.	बड़वानी	55.7
49.	झाबुआ	52.9	50.	अलीराजपुर	42.0

मध्य प्रदेश : महिला साक्षरता दर 2011 जिलों की क्रमवार स्थिति

क्र. सं.	जिले	महिला साक्षरता %	क्र. सं.	जिले	महिला साक्षरता %
1.	भोपाल	74.9	2.	जबलपुर	74.4
3.	इंदौर	74.0	4.	बालाघाट	69.0
5.	ग्वालियर	67.4	6.	नरसिंहपुर	67.1
7.	सागर	67.0	8.	होशंगाबाद	66.5
9.	रायसेन	64.2	10.	सिवनी	63.7
11.	हरदा	63.3	12.	भिंड	63.1
13.	छिन्दवाड़ा	63.0	14.	सतना	62.5
15.	कटनी	61.6	16.	रीवा	61.2
17.	विदिशा	60.9	18.	बैतूल	60.9
19.	उज्जैन	60.7	20.	दतिया	59.4
21.	दमोह	59.2	22.	सीहोर	58.3
23.	मंदसौर	58.0	24.	देवास	57.8
25.	अनूपपुर	57.3	26.	नीमच	57.1
27.	शहडोल	57.0	28.	मुरैना	56.9
29.	बुरहानपुर	56.6	30.	मंडला	56.4
31.	शाजापुर	55.9	32.	पू.निमाड़	55.9
33.	रतलाम	55.8	34.	उमरिया	55.2
35.	पन्ना	54.4	36.	सीधी	54.1
37.	छतरपुर	53.6	38.	अशोकनगर	53.4
39.	प.निमाड़	53.0	40.	डिंडोरी	52.4

Cont...

41.	गुना	51.4	42.	टीकमगढ़	50.0
43.	राजगढ़	48.9	44.	शिवपुरी	48.8
45.	धार	48.8	46.	सिंगरौली	48.5
47.	श्योपुर	44.2	48.	बड़वानी	42.4
49.	झाबुआ	33.8	50.	अलीराजपुर	30.3

मध्य प्रदेश : जनघनत्व 2011 जिलों की क्रमवार स्थिति

क्र. सं.	जिले	जनघनत्व	क्र. सं.	जिले	जनघनत्व
1.	भोपाल	855	2.	इंदौर	841
3.	जबलपुर	473	4.	ग्वालियर	446
5.	मुरैना	394	6.	भिंड	382
7.	रीवा	375	8.	उज्जैन	326
9.	रतलाम	299	10.	सतना	297
11.	टीकमगढ़	286	12.	झाबुआ	285
13.	दतिया	271	14.	धार	268
15.	कटनी	261	16.	बड़वानी	255
17.	राजगढ़	251	18.	शाजापुर	244
19.	मंदसौर	242	20.	प.निमाड़	233
21.	सीधी	232	22.	सागर	232
23.	अलीराजपुर	229	24.	देवास	223
25.	बुरहानपुर	221	26.	नरसिंहपुर	213
27.	सिंगरौली	208	28.	छतरपुर	203
29.	अनूपपुर	200	30.	सीहोर	199
31.	विदिशा	198	32.	नीमच	194
33.	गुना	194	34.	होशंगाबाद	185
35.	बालाघाट	184	36.	मंडला	182
37.	अशोकनगर	181	38.	पू.निमाड़	178
39.	छिंदवाड़ा	177	40.	दमोह	173
41.	शहडोल	172	42.	हरदा	171
43.	शिवपुरी	171	44.	उमरिया	158
45.	सिवनी	157	46.	बैतुल	157
47.	रायसेन	157	48.	पन्ना	142
49.	श्योपुर	104	50.	डिंडोरी	94

मध्य प्रदेश : साक्षरता दर 2011 जिलों की क्रमवार स्थिति

क्र. सं.	जिले	साक्षरता %	क्र. सं.	जिले	साक्षरता %
1.	जबलपुर	81.1	2.	इंदौर	80.9
3.	भोपाल	80.4	4.	बालाघाट	77.1
5.	ग्वालियर	76.7	6.	सागर	76.5
7.	नरसिंहपुर	75.7	8.	भिंड	75.3
9.	होशंगाबाद	75.3	10.	रायसेन	73.0

Cont...

11.	दतिया	72.6	12.	हरदा	72.5
13.	सतना	72.3	14.	उज्जैन	72.3
15.	सिवनी	72.1	16.	कटनी	72.0
17.	मंदसौर	71.8	18.	रीवा	71.6
19.	छिंदवाड़ा	71.2	20.	मुरैना	71.0
21.	नीमच	70.8	22.	विदिशा	70.5
23.	सीहोर	70.1	24.	दमोह	69.7
25.	देवास	69.3	26.	शाजापुर	69.1
27.	बैतूल	68.9	28.	अनूपपुर	67.9
29.	मंडला	66.9	30.	रतलाम	66.8
31.	शहडोल	66.7	32.	अशोकनगर	66.4
33.	पू.निमाड़	66.4	34.	उमरिया	65.9
35.	पन्ना	64.8	36.	सीधी	64.4
37.	बुरहानपुर	64.4	38.	डिंडोरी	63.9
39.	छतरपुर	63.7	40.	गुना	63.2
41.	प.निमाड़	62.7	42.	शिवपुरी	62.5
43.	टीकमगढ़	61.4	44.	राजगढ़	61.2
45.	सिंगरौली	60.4	46.	धार	59.0
47.	श्योपुर	57.4	48.	बड़वानी	49.1
49.	झाबुआ	43.3	50.	अलीराजपुर	36.1

मध्य प्रदेश : कुल जनसंख्या में नगरीय जनसंख्या का प्रतिशत 2011

क्र. सं.	जिले	नगरीय जन. %	क्र. सं.	जिले	नगरीय जन. %
1.	भोपाल	80.9	2.	इंदौर	74.1
3.	ग्वालियर	62.7	4.	जबलपुर	58.5
5.	उज्जैन	39.2	6.	बुरहानपुर	34.3
7.	होशंगाबाद	31.4	8.	रतलाम	29.9
9.	सागर	29.8	10.	नीचम	29.7
11.	देवास	28.9	12.	अनूपपुर	27.4
13.	भिंड	25.4	14.	गुना	25.2
15.	छिंदवाड़ा	24.2	16.	मुरैना	23.9
17.	विदिशा	23.3	18.	दतिया	23.1
19.	रायसेन	22.8	20.	छतरपुर	22.6
21.	सतना	21.3	22.	हरदा	20.9
23.	मंदसौर	20.7	24.	शहडोल	20.6
25.	कटनी	20.4	26.	दमोह	19.8

Cont...

27.	पू.निमाड़	19.8	28.	बैतूल	19.6
29.	शाजापुर	19.4	30.	सिंगरौली	19.2
31.	धार	18.9	32.	सीहोर	18.9
33.	नरसिंहपुर	18.6	34.	अशोकनगर	18.2
35.	राजगढ़	17.9	36.	टीकमगढ़	17.3
37.	शिवपुरी	17.1	38.	उमरिया	17.1
39.	रीवा	16.7	40.	प.निमाड़	16.0
41.	श्योपुर	15.6	42.	बड़वानी	14.7
43.	बालाघाट	14.4	44.	पन्ना	12.3
45.	मंडला	12.3	46.	सिवनी	11.9
47.	झाबुआ	9.0	48.	सीधी	8.3
49.	अलीराजपुर	7.8	50.	डिंडोरी	4.6

मध्य प्रदेश : कुल जनसंख्या में अनुसूचित जाति (SC) का प्रतिशत 2011

क्र. सं.	जिले	SC %	क्र. सं.	जिले	SC %
1.	उज्जैन	26.4	2.	दतिया	25.5
3.	टीकमगढ़	25.0	4.	शाजापुर	23.4
5.	छतरपुर	23.0	6.	भिंड	22.0
7.	मुरैना	21.4	8.	सागर	21.1
9.	अशोकनगर	20.8	10.	सीहोर	20.7
11.	पन्ना	20.5	12.	विदिशा	20.0
13.	दमोह	19.5	14.	ग्वालियर	19.3
15.	राजगढ़	19.1	16.	देवास	18.7
17.	शिवपुरी	18.6	18.	मंदसौर	18.6
19.	सतना	17.9	20.	रायसेन	17.0
21.	नरसिंहपुर	16.9	22.	इंदौर	16.6
23.	होशंगाबाद	16.5	24.	हरदा	16.3
25.	रीवा	16.2	26.	श्योपुर	15.8
27.	गुना	15.6	28.	भोपाल	15.1
29.	जबलपुर	14.1	30.	रतलाम	13.6
31.	नीमच	13.5	32.	सिंगरौली	12.8
33.	कटनी	12.1	34.	पू.निमाड़	12.0
35.	सीधी	11.6	36.	प.निमाड़	11.2
37.	छिंदवाड़ा	11.1	38.	बैतुल	10.1
39.	अनूपपुर	9.9	40.	सिवनी	9.5
41.	उमरिया	9.0	42.	बुरहानपुर	8.5

Cont...

43.	शहडोल	8.4	44.	बालाघाट	7.4
45.	धार	6.7	46.	बड़वानी	6.3
47.	डिंडोरी	5.6	48.	मंडला	4.6
49.	अलीराजपुर	3.7	50.	झाबुआ	1.7

मध्य प्रदेश : कुल जनसंख्या में अनुसूचित जनजाति (ST) का प्रतिशत 2011

क्र.सं.	जिले	ST %	क्र.सं.	जिले	ST %
1.	अलीराजपुर	89.0	2.	झाबुआ	87.0
3.	बड़वानी	69.4	4.	डिंडोरी	64.7
5.	मंडला	57.9	6.	धार	55.9
7.	अनूपपुर	47.9	8.	उमरिया	46.6
9.	शहडोल	44.7	10.	बैतूल	42.3
11.	प.निमाड़	39.0	12.	सिवनी	37.7
13.	छिंदवाड़ा	36.8	14.	पू.निमाड़	35.0
15.	सिंगरौली	32.6	16.	बुरहानपुर	30.4
17.	रतलाम	28.2	18.	हरदा	28.0
19.	सीधी	27.8	20.	कटनी	24.6
21.	श्योपुर	23.5	22.	बालाघाट	22.5
23.	देवास	17.4	24.	पन्ना	16.8
25.	होशंगाबाद	15.9	26.	रायसेन	15.4
27.	गुना	15.4	28.	जबलपुर	15.2
29.	सतना	14.4	30.	नरसिंहपुर	13.4
31.	दमोह	13.2	32.	शिवपुरी	13.2
33.	रीवा	13.2	34.	सिहोर	11.1
35.	अशोक नगर	9.7	36.	सागर	9.3
37.	नीमच	8.6	38.	इंदौर	6.6
39.	टीकमगढ़	4.7	40.	विदिशा	4.6
41.	छतरपुर	4.2	42.	ग्वालियर	3.5
43.	राजगढ़	3.5	44.	भोपाल	2.9
45.	उज्जैन	2.5	46.	शाजापुर	2.5
47.	मंदसौर	2.5	48.	दतिया	1.9
49.	मुरैना	0.9	50.	भिंड	0.4

मध्य प्रदेश में स्कूल शिक्षा

राज्य के गठन के साथ ही यह आवश्यकता महसूस हुई कि यहां एक समान शिक्षा व्यवस्था हो, गौरतलब है कि गठन के पहले म. प्र. के घटक क्षेत्रों में अलग-अलग तरह की शिक्षा व्यवस्था थी। राज्य में समान एवं समन्वित शिक्षा का विकास 1964 के बाद तेजी से हुआ।

प्राथमिक शिक्षा का लोक व्यापीकरण एवं साक्षरता सम्बन्धित गतिविधियों का संचालन राज्य शिक्षा केन्द्र द्वारा किया जा रहा है। इसके अन्तर्गत सर्व शिक्षा अभियान मिशन, राज्य शैक्षिक अनुसंधान एवं प्रशिक्षण परिषद् एवं प्रौढ़ शिक्षा आती है। माध्यमिक शिक्षा के तहत हाईस्कूल एवं हायर सेकेंडरी स्तर की शिक्षा को गुणवत्ता पूर्ण बनाने के सम्बन्ध में गतिविधियों का संचालन

लोक शिक्षण संचालनालय द्वारा किया जाता है। लोक शिक्षण संचालनालय के अधीन 9 संयुक्त लोक संचालक लोक शिक्षण संभाग, 3 संयुक्त संचालक विधि प्रकोष्ठ, 51 जिला शिक्षा अधिकारी और 224 विकासखण्ड अधिकारी कार्यरत हैं।

प्रति एक किलोमीटर के दायरे में प्राथमिक विद्यालय, तीन किलोमीटर के दायरे में माध्यमिक विद्यालय उपलब्ध कराने का प्रावधान है। प्रदेश में सरकार द्वारा शिक्षा का अधिकार अधिनियम लागू किया गया है। प्रदेश में–

प्राथमिक विद्यालय	84,057
माध्यमिक शालाएं	30,266
हाईस्कूल/हायर सेकेंडरी	13,648

प्रमुख संस्थाएं

- **राज्य शिक्षण संस्थान भोपाल (स्थापना-1973)**
  उद्देश्य—विद्यालयी शिक्षा में गुणात्मक सुधार हेतु।
- **मध्य प्रदेश माध्यमिक शिक्षा मण्डल (स्थापना-1965)**—म. प्र. शिक्षा मण्डल अधिनियम, 1965 (क्र. 23 सन् 1965) द्वारा शासित एक स्वायत्तशासी निगमित निकाय है।
- **शारीरिक शिक्षा योग प्रशिक्षण एवं क्रीड़ा विभाग**—हायर सेकेंडरी स्कूल एवं महाविद्यालय के समतुल्य निर्धारित किया गया है। पुरुषों के लिए शिवपुरी में तात्या टोपे राज्य शारीरिक प्रशिक्षण महाविद्यालय संचालित है।

मध्य प्रदेश में उच्च शिक्षा

प्राचीन काल से ही म. प्र. का उच्च शिक्षा के क्षेत्र में महत्वपूर्ण स्थान रहा है, उज्जैन के संदीपनी आश्रम एवं धार की भोजशाला में दूर-दूर तक के विद्यार्थी शिक्षा ग्रहण करने आते थे, उज्जैन साहित्य, विज्ञान, खेल, खगोल शास्त्र का महत्वपूर्ण केंद्र था।

मध्य प्रदेश के विश्वविद्यालय

क्र.	विश्वविद्यालय	स्थिति	स्थापना वर्ष
1.	जीवाजी राव विश्वविद्यालय	ग्वालियर	1964
2.	विक्रम विश्वविद्यालय	उज्जैन	1957
3.	रानी दुर्गावती विश्वविद्यालय	जबलपुर	1957
4.	डॉ. हरिसिंह गौर विश्वविद्यालय	सागर	1946
5.	महात्मा गांधी चित्रकूट ग्रामोद्योग विश्वविद्यालय	चित्रकूट (सतना)	1991
6.	माखनलाल चतुर्वेदी राष्ट्रीय पत्रकारिता विश्वविद्यालय	भोपाल	1991
7.	बरकतउल्ला विश्वविद्यालय	भोपाल	1970
8.	अवधेश प्रतापसिंह विश्वविद्यालय	रीवा	1968
9.	जवाहरलाल नेहरू कृषि विश्वविद्यालय	जबलपुर	1964
10.	देवी अहिल्या बाई विश्वविद्यालय	इंदौर	1964

प्रश्नमाला

1. वर्ष 2011 की जनगणना के अनुसार मध्यप्रदेश में सबसे अधिक जनसंख्या वाला सम्भाग कौन-सा है?
   - (a) जबलपुर
   - (b) इंदौर
   - (c) सागर
   - (d) उज्जैन

2. वर्ष 2011 की जनगणना के अनुसार मध्यप्रदेश के किस संभाग का लिंगानुपात सर्वाधिक है?
   - (a) इंदौर
   - (b) जबलपुर
   - (c) चंबल
   - (d) उज्जैन

3. वर्ष 2011 की जनगणना के अनुसार प्रदेश के सर्वाधिक जनसंख्या वाले जिलों का सही क्रम दर्शाइए–
   - (a) जबलपुर, इंदौर, रीवा, सागर
   - (b) रीवा, जबलपुर, इंदौर, सागर
   - (c) इंदौर, रीवा, सागर, जबलपुर
   - (d) इंदौर, जबलपुर, सागर, भोपाल

4. मध्य प्रदेश में सर्वाधिक जनसंख्या वाला जिला है–
   - (a) नरसिंहपुर
   - (b) इंदौर
   - (c) भोपाल
   - (d) जबलपुर

5. न्यूनतम दशकीय वृद्धि दर वाला संभाग है–
   - (a) सागर
   - (b) ग्वालियर
   - (c) चम्बल
   - (d) रीवा

6. वर्ष 2011 की जनगणना के अनुसार मध्यप्रदेश में सबसे कम लिंगानुपात वाले जिले कौन-से हैं?
   - (a) मुरैना, मण्डला, डिण्डोरी
   - (b) ग्वालियर, मुरैना, झाबुआ
   - (c) शिवपुरी, दतिया, ग्वालियर
   - (d) मुरैना, ग्वालियर, जबलपुर

7. वर्ष 2011 की जनगणना के अनुसार मध्यप्रदेश के कितने जिलों को जनगणना का आधार बनाया गया?
   - (a) 50
   - (b) 48
   - (c) 46
   - (d) 45

8. वर्ष 2011 की जनगणना के अनुसार मध्यप्रदेश के सर्वाधिक वृद्धि दर प्राप्त करने वाले जिलों का सही क्रम है :
   - (a) भोपाल, इंदौर, सीधी
   - (b) सीधी, इंदौर, भोपाल
   - (c) इंदौर, जबलपुर, सागर
   - (d) इंदौर, ग्वालियर, भोपाल

9. वर्ष 2011 की अंतिम जनगणना के अनुसार मध्य प्रदेश में सबसे कम जनसंख्या वाला जिला है–

    (a) हरदा   (b) शिवपुरी

    (c) होशंगाबाद   (d) झाबुआ

10. मध्य प्रदेश का जनसंख्या घनत्व की दृष्टि से देश में कौन-सा स्थान है?

    (a) 11वां   (b) 13वां

    (c) 22वां   (d) 23वां

उत्तरमाला

1. (a)   2. (b)   3. (d)   4. (b)   5. (d)   6. (c)

7. (a)   8. (d)   9. (a)   10. (d)

❑❑❑

जनजातियां

मध्य प्रदेश में जनजातियों की सबसे अधिक संख्या और सर्वाधिक प्रकार हैं। यहां की कुल जनसंख्या का लगभग पांचवां हिस्सा जनजातियों का है।

विशेष पिछड़ी जनजातियां—केंद्र सरकार ने राज्य की 3 जनजातियों को विशेष पिछड़ी जनजाति घोषित किया है—बैगा, सहरिया और भारिया।

मध्य प्रदेश की प्रमुख जनजातियां

1. **भील**—भील जनजाति जनसंख्या की दृष्टि से भारत की तीसरी तथा मध्य प्रदेश की दूसरी सबसे बड़ी जनजाति है। यह जनजाति मध्य प्रदेश के पश्चिम क्षेत्र धार, झाबुआ और पश्चिमी निमाड़ जिलों में मिलती है। यह प्रदेश का सबसे बड़ा जनजाति क्षेत्र है।

   प्रमुख उपजातियां—मध्य प्रदेश में भीलों जनजाति की पांच उपजातियां हैं; जैसे भील, भिलाला, पटालिया, रथियास और बैगास। बैगास मुख्यत: मंडला क्षेत्र में निवास करते हैं। इस जनजाति में व्यावसायिक आधार पर भी कई वर्ग हैं, प्रमुख रूप से ये इस प्रकार हैं

   (i) **मादवी या बदवों या भगत**—इस जाति का व्यक्ति भील जनजाति का सबसे चरित्र पवित्र व्यक्ति माना जाता है।

   (ii) **कोटवार**—इस जाति का व्यक्ति भीलों के ग्राम का प्रशासन करता है।

   (iii) **पुंजारों**—इस जाति के व्यक्ति को औषधियों तथा रोगों के उपचार का विशेष ज्ञान होता है।

   सांस्कृतिक विशेषताएं—भील दशहरा, दीवाली आदि तो उत्साह से मनाते ही हैं इनके अपने भी कुछ पारम्परिक त्यौहार पर्व; जैसे—गल, भगोरिया, नबई, चलावणी जातरा आदि होते हैं। होली के पूर्व आठ दिनों तक लगने वाला भगोरिया तो विश्व प्रसिद्ध है।

   सामाजिक विशेषताएं—भील जनजाति पितृ-सत्तात्मक हैं। इनमें संयुक्त परिवार प्रथा प्रचलित है। भीलों में नियमित विवाह, गन्धर्व विवाह, हरण विवाह आदि प्रचलन में हैं। विवाह में कन्या मूल्य का प्रचलन है।

2. **गोंड**—गोंड जाति मध्य प्रदेश की एक प्रमुख जनजाति है। यह जनसंख्या की दृष्टि से न केवल मध्य प्रदेश, बल्कि भारत की भी सबसे बड़ी जनजाति है। यह जनजाति मध्य प्रदेश के सभी जिलों में फैली हुई है, लेकिन नर्मदा के दोनों ओर विन्ध्य और सतपुड़ा के पहाड़ी क्षेत्रों में इसका अधिक संकेन्द्रण है।

   प्रमुख उपजातियां—गोंड जनजाति की कई उपजातियां भी विद्यमान हैं। इनका विकास कार्यों पर आधारित हुआ प्रतीत होता है। ये उपजातियां इस प्रकार हैं

   (i) **अगरिया**—लोहे का काम करने वाला वर्ग।

   (ii) **प्रधान**—मन्दिरों में पूजा-पाठ तथा पुजारी का काम करने वाले गोंड।

   (iii) **ओझा**—पण्डिताई तथा तान्त्रिक क्रिया करने वाले।

   (iv) **कोइलाभुतिस**—नाचने-गाने वाले गोंड।

   (v) **सोलाइस**—यह बढ़ईगिरी का काम करने वाले लोग होते हैं।

सांस्कृतिक विशेषताएं—गोण्ड लोगों द्वारा विभिन्न अवसरों पर सांस्कृतिक कार्यक्रम आयोजित किए जाते हैं। करमा, सैला, बिरहा, कहरवा, पड़ौनी, सजनी, सुआ, दीवानी, गोण्ड जनजातियों का प्रमुख नृत्य है।

सामाजिक विशेषताएं—ऑस्ट्रोलायड नस्ल के जनजातियों की भांति विवाह संबंध के लिए गोंड भी दो या अधिक बड़े समूहों में बंटते हैं। एक समूह के अंदर की सभी शाखाओं के लोग 'भाई बंद' कहलाते हैं और सब शाखाएं मिलकर एक बर्हिर्विवाह समूह बनाती हैं।

3. **बैगा**—बैगा मध्य प्रदेश के पूर्वी क्षेत्र में निवास करने वाली विशेष पिछड़ी जनजातियों में से एक है। यह बालाघाट, मंडला तथा शहडोल जिलों में पाई जाती है। बैगा शब्द अनेकार्थी है। बैगा जाति विशेष का सूचक होने के साथ ही अधिकांश मध्य प्रदेश में गुनिया और ओझा का पर्याय है। बैगा मूलतः दक्षिण भारतीय जनजाति है। यद्यपि बैगा को द्रविड़ प्रजाति की आदिम जाति कहा जाता है।

सांस्कृतिक विशेषताएं बैगा एक कलाप्रिय जनजाति है। करमा, सैला, परधौनी, फाग आदि नृत्य गीत और दीवारों पर मिट्टी और रंग के अलंकरण इनकी कला परम्परा का हिस्सा है। बैगा जनजाति विश्व की सर्वाधिक गुदना प्रिय जनजाति है।

सामाजिक विशेषताएं बैगा जनजाति पितृ-सत्तात्मक होते हैं। सामाजिक रीति रिवाजों के परिपालन में पुरुषों की इच्छा सर्वोपरि होती है। समगोत्री विवाह बैगा समाज में वर्जित है। बैगा लोगों में संयुक्त परिवार की प्रथा है। अन्य जनजातियों के समान इनमें भी विवाह के अनेक प्रकार प्रचलित हैं।

4. **अगरिया**—अगरिया विशेष उद्यम वाली गोंडों की उप जनजाति है। अगरिया मध्य प्रदेश के मंडला, शहडोल में निवासित है। अगरिया लोगों के प्रमुख देवता 'लोहासूर' हैं जिनका निवास धधकती हुई भट्टियों में माना जाता है। वे अपने देवता को काली मुर्गी की भेंट चढ़ाते हैं। इनका भोजन मोटे अनाज और सभी प्रकार के मांस हैं।

5. **कोल**—कोल मध्य प्रदेश के विन्ध्य कैमूर श्रेणियों में मूल निवासी हैं तथा रीवा को अपनी रियासत बताते हैं। यह जनजाति रीवा, सीधी, सतना, शहडोल और जबलपुर में निवास करती है। कोल जनजाति का पूर्व मूल निवास रीवा के बरदीराजा क्षेत्र के 'कुराली' को माना जाता है। यह जनजाति मुण्डारी अथवा कोल वर्ग की प्रमुख जनजाति हैं। यह ऑस्ट्रिक परिवार की जनजाति है।

कोल जनजाति के दो प्रमुख उपवर्ग हैं—

(i) रौतिया (ii) रौतले।

सांस्कृतिक विशेषताएं—कोल नृत्य गीत प्रिय जनजाति है। कोल जनजाति का 'कोल दका' नृत्य अपनी मुद्राओं और हस्त चालन के लिए विशेष लोकप्रिय है। होली, नवदुर्गा, रामनवमी, तीज और दशहरा इनके प्रिय त्यौहार हैं। जन्म, विवाह संस्कार हिन्दू रीति रिवाजों की तरह सम्पन्न होते हैं।

सामाजिक विशेषताएं—यह पितृ सत्तात्मक जनजाति है। परन्तु स्त्रियों को भी कुछ धार्मिक एवं सांस्कृतिक कार्यों की आजादी होती है।

84 संक्षिप्त मध्य प्रदेश सामान्य ज्ञान

प्रश्नमाला

1. 'कोल' जनजाति गांव या शहर के समीप अपना-अपना मोहल्ला बसाकर रहते हैं, जिसे क्या कहा जाता है?
   (a) टोला (b) हाली (c) कोला (d) नरकुल
2. पारधी जनजाति निम्नलिखित किस जिले में निवास करती है?
   (a) भोपाल में (b) रायसेन में
   (c) सीहोर में (d) उपर्युक्त सभी में
3. भील जनजाति द्वारा कृषि के लिए पहाड़ी भागों के वनों को जलाकर भूमि प्राप्त की जाती थी, इसे निम्नलिखित किस नाम से जाना जाता है?
   (a) दजिया (b) हरिया (c) सिचाता (d) चिमाता
4. बैगा जनजाति कहां पाई जाती है?
   (a) मंडला में (b) बालाघाट में
   (c) डिण्डोरी में (d) उपर्युक्त सभी
5. अनुसूचित जाति, जनजाति के प्रशासन एवं नियंत्रण के लिए संविधान के किस अनुच्छेद में राज्यपाल को विशेषाधिकार प्रदान किया गया है?
   (a) अनुच्छेद 5 (b) अनुच्छेद 6 (c) अनुच्छेद 7 (d) अनुच्छेद 8
6. मध्य प्रदेश को अनुसूचित जाति प्रतिशत में देश में कौन-सा स्थान प्राप्त है?
   (a) 15 वां (b) 16 वां (c) 17 वां (d) 18 वां
7. मध्य प्रदेश की किस जनजाति की पंचायत को 'गोहिया' कहते हैं?
   (a) मुड़िया (b) कोल (c) भारिया (d) मुण्डा
8. भगोरिया नृत्य किस जिले के आदिवासियों का लोक नृत्य है?
   (a) झाबुआ (b) शहडोल (c) सीधी (d) मण्डला
9. मध्य प्रदेश में आदिवासी शोध केंद्र की स्थापना कहां पर की गई है?
   (a) उज्जैन (b) जबलपुर (c) झाबुआ (d) अनूपपुर
10. गोंडों की उत्पत्ति किस शब्द से मानी जाती है?
    (a) सोंड (b) कोंड (c) खोंद (d) डोंड

उत्तरमाला

1. (a) 2. (d) 3. (d) 4. (d) 5. (a) 6. (c)
7. (b) 8. (a) 9. (c) 10. (b)

❑❑❑

कला एवं संस्कृति

मध्य प्रदेश की भूमि, संस्कृति और कला गुणों से परिपूर्ण है। यहां की राजसी परम्पराओं ने दीर्घकाल तक कला, संगीत, साहित्य, वास्तुकला, दर्शन, चित्रों और ऐसे कई क्षेत्रों में उत्कर्ष योगदान है। अद्वितीय मंदिर, भव्य महल, कालिदास, भर्तृहरि, बिहारी जैसे महान् कवि, तानसेन, बैजू बाबरा जैसी संगीत क्षेत्र की जानी-मानी हस्तियां, विक्रमादित्य, राजा भोज, रानी दुर्गावती और अहिल्या बाई जैसे राजनीतिज्ञ और ऐसे कई महानुभाव मध्य प्रदेश का गौरव रहे हैं।

मध्य प्रदेश तानसेन की संगीत भक्ति का स्थान है और 'ध्रुपद' का भी जन्म स्थान है। 'ख्याल' भी यहीं परिष्कृत हुआ। सबसे पुराना माधव संगीत स्कूल यहां स्थित है, जो सन् 1918 में पण्डित विष्णु नारायण भातखण्डे के मार्गदर्शन में शुरू हुआ था। मृदंगाचार्य नाना साहेब पानसे से लेकर डागर भाइयों जैसे कई महान् संगीतकार इस भूमि से हैं। उस्ताद आमीर खां और कुमार गंधर्व भी इसी भूमि के सुपुत्र हैं।

लोकचित्र कला

लोकचित्र कला	अंचल	विशेषता
सुरैती	बुन्देलखण्ड	दीपावली में लक्ष्मी पूजा के समय बनाया जाने वाला भित्ति चित्र।
मामुलिया	बुन्देलखण्ड	नवरात्रि में गोबर से कुंवारी कन्याओं द्वारा बनाया जाने वाला भित्तिचित्र।
नौरता/नवरत	बुन्देलखण्ड, निमाड़	नवरात्रि में मिट्टी, गेरू, हल्दी से कुंवारी कन्याओं द्वारा बनाया जाने वाला भित्तिचित्र।
गोदन गोवर्धन मोरते	सम्पूर्ण मध्य प्रदेश बुन्देलखण्ड	दीपावली पड़वा पर गोबर से बनाए जाते हैं। विवाह के समय मुख्य दरवाजे पर पुतरी का भित्तिचित्र।
नाग भित्ति चित्र	सम्पूर्ण मध्य प्रदेश	नागपंचमी पर दीवारों पर गेरू से नाग-नागिन का भित्तिचित्र।
मोरइला (मोर मुरैला)	बुन्देलखण्ड, बघेलखण्ड	दीवारों पर विभिन्न रंगों से मोर के भित्ति चित्र बनाए जाते हैं।

लोकगीत

1. **निरगुणिया गायन शैली**
   क्षेत्र—सम्पूर्ण निमाड़ एवं मालवा क्षेत्र में।
   अवसर—किसी भी समय पर साधु एवं भिक्षुओं द्वारा।
   विषयवस्तु—कबीर, मीरा, रैदास, दादू आदि सन्तों के भक्ति पदों का गायन।
   गायन शैली—एकल एवं समूह शैली।

2. **कलगी तुर्रा**
   क्षेत्र—सम्पूर्ण निमाड़ क्षेत्र में।

अवसर—शक्ति एवं शिव की आराधना में रात के समय गाया जाता है।

विषयवस्तु—आशु कविता के साथ-साथ महाभारत की कथाओं, पौराणिक आख्यानों से लेकर वर्तमान प्रसंगों का गायन।

गायन शैली—कलगी तुर्रा की प्रतिस्पर्द्धात्मक लोक गायन शैली।

3. **गरबा शैली**

क्षेत्र—निमाड़, अचंल में स्त्रीपरक लोक गायन।

अवसर—नवरात्रि में।

विषयवस्तु—देवी के भक्ति गीत।

गायन शैली—नृत्य सहित द्रुत सामूहिक गायन शैली।

4. **सन्जा गीत**

क्षेत्र—मालवा क्षेत्र में।

अवसर—पितृपक्ष में शाम के समय।

विषयवस्तु—गोबर एवं फूल-पत्तियों से दीवाल पर सन्जा बनाकर उससे सम्बन्धित। बाल्यावस्था की कोमल भावनाओं के गीत।

गायन शैली—वाद्य रहित सामूहिक गायन शैली।

5. **फाग गायन**

क्षेत्र—निमाड़, बघेलखण्ड एवं बुन्देलखण्ड में।

अवसर—होली के अवसर पर।

विषयवस्तु—राधा कृष्ण की लीलाओं से सम्बन्धित।

गायन शैली—ऊंचे स्वर में सामूहिक गायन शैली।

अन्य लोक गीत

गीत	स्थान	विशेषता
लावनी	मालवा, निमाड़	निर्गुण दार्शनिक गीत
आल्हा	सम्पूर्ण मध्य प्रदेश	वीरगीत
सैर, राहरे, मलारे, गोटे	बुन्देलखण्ड	धार्मिक गीत
बाम्बुलिया	बुन्देलखण्ड	धार्मिक गीत

लोक गायन

गायन का नाम	सम्बद्ध आदिवासी क्षेत्र	विशेषता
जगदेव का पुवारा	बुंदेलखण्ड	भजन शैली का गायन।
दीवारी गायन	बुन्दलेखण्ड	दोहों पर केन्द्रित।
बेरायटा	बुन्देलखण्ड	कथा गायन शैली।
हरदौल की मनौती	बुन्देलखण्ड/बघेलखण्ड	यह वीरता का गीत है।
चौकड़िया फाग	बुन्देलखण्ड	ईसुरी की रचनाओं का गायन।
रेलोगीत	भील तथा कोरकू	युवक-युवतियों का गीत।

लोक नाट्य

- **माचा**–मालवा अंचल का प्रमुख लोकनाट्य है।
- **राई स्वांग**–स्वांग का शाब्दिक अर्थ है, 'अभिनय'। यह जन्म एवं उत्सव के समय किया जाने वाला प्रमुख नाट्य है।
- **पण्डवानी**–शहडोल, अनूपपुर, बालाघाट में देखने को मिलता है।

लोक नृत्य

भारत के किसी अन्य हिस्से की तरह मध्य प्रदेश भी देवी-देवताओं के समक्ष किए जाने वाले और विभिन्न अनुष्ठानों से सम्बन्धित लोक नृत्यों द्वारा अपनी संस्कृति का एक परिपूर्ण दृश्य प्रदान करता है। लम्बे समय से सभी पारम्परिक नृत्य, आस्था की एक पवित्र अभिव्यक्ति रहे हैं। मध्य प्रदेश पर्यटन विभाग और मध्य प्रदेश की आदिवासी लोक कला अकादमी द्वारा खजुराहो में आयोजित 'लोकरंजन' एक वार्षिक नृत्य महोत्सव है, जो मध्य प्रदेश और भारत के अन्य भागों के लोकप्रिय लोक नृत्य और आदिवासी नृत्यों को पेश करने के लिए बेहतरीन मंच है।

बघेलखण्ड का 'रे' नृत्य, ढोलक और नगारे जैसे संगीत वाद्ययन्त्र की संगत के साथ महिला के वेश में पुरुष पेश करते हैं। वैश्य समुदाय में, विशेष रूप से बच्चे के जन्म के अवसर पर, बघेलखण्ड के अहीर समुदाय की महिलाएं यह नृत्य करती हैं। इस नृत्य में अपने पारम्परिक पोशाक और गहनों को पहने नर्तकियां शुभ अवसर की भावना व्यक्त करती हैं।

- **मटकी**–"मटकी" मालवा का एक सामुदायिक नृत्य है, जिसे महिलाएं विभिन्न अवसरों पर पेश करती हैं। इस नृत्य में नर्तकियां ढोल की ताल पर नृत्य करती हैं, ढोल को स्थानीय स्तर पर 'मटकी' कहा जाता है।
- **गणगौर**–यह नृत्य मुख्य रूप से गणगौर त्यौहार के नौ दिनों के दौरान किया जाता है। इस त्यौहार के अनुष्ठानों के साथ कई नृत्य और गीत जुड़े हुए हुए हैं। यह नृत्य, निमाड़ क्षेत्र में गणगौर के अवसर पर उनके देवता राणुबाई धनियार सूर्यदेव के सम्मान में किया जाने वाला भक्ति का एक रूप है।
- **बधाई**–बुन्देलखण्ड क्षेत्र में जन्म, विवाह और त्यौहारों के अवसरों पर 'बधाई' लोकप्रिय है। इसमें संगीत वाद्ययन्त्र की धुनों पर पुरुष और महिलाएं सभी जोर-शोर से नृत्य करते हैं। नर्तकों की कोमल और कलाबाज हरकतें और उनके रंगीन पोशाक दर्शकों को चकित कर देते हैं।

प्रमुख जनजातीय लोक नृत्य

नृत्य कला	आदिवासी क्षेत्र	विशेषताएं
गुदमबाजा	दुलिया जनजाति	लोकवाद्य यन्त्र
गरबा डाण्डिया	निमाड़ के बन्जारे	दशहरा के त्यौहार पर होने वाला नृत्य
बिनाकी	भोपाल के कृषक	बन्जारों के डाण्डिया नृत्य के समरूप
दादर	बुन्देलखण्ड	उत्सव सम्बन्धी नृत्य

साहित्यिक एवं ललित कला अकादमियां

परिषद्	स्थापना	मुख्यालय
कला पषिद्	1952	भोपाल
साहित्य पषिद्	1954	भोपाल
हिंदी ग्रंथ अकादमी	1969	भोपाल
उर्दू अकादमी	1976	भोपाल
कालिदास अकादमी	1977	भोपाल

बोलियां

1. **बुंदेलखण्डी**—बुंदेलखण्डी, शौरसेनी, अपभ्रंश से जन्मी पश्चिमी हिंदी की एक प्रमुख बोली है। मध्य प्रदेश के छतरपुर, टीकमगढ़, दमोह, सागर, पन्ना, जबलपुर, नरसिंहपुर, सिवनी, होशंगाबाद, उत्तर प्रदेश एवं महाराष्ट्र के जिलों में भी बोली विस्तृत है। बुंदेली बोली साहित्य रचना की दृष्टि से अत्यंत समृद्ध है। जगनिक, केशव, पद्माकर, लाल कवि, ईसुरी आदि इस बोली के प्रमुख कवि हैं।
2. **कोरकू**—यह बोली बैतूल, होशंगाबाद, छिंदवाड़ा, खरगौन जिलों के कोरकू आदिवासियों द्वारा बोली जाती है। इस बोली में लोकगीतों एवं लोक कथाओं के रूप में फुटकर साहित्य रचा गया है।
3. **निमाड़ी**—यह बोली प्रमुख रूप से खंडवा, खरगौन, धार, देवास, बड़वानी, झाबुआ एवं इंदौर जिलों में बोली जाती है। यह बोली शौरसेनी अपभ्रंश से विकसित हुई है।

मेले, त्यौहार और उर्स

- **सिंहस्थ**—उज्जैन का कुंभ मेला 'सिंहस्थ' के नाम से जाना जाता है, जो देश के भव्य और पवित्रतम मेलों में से एक है। यह बहुत ही उच्च धार्मिक मूल्यों वाला मेला है। पवित्र क्षिप्रा नदी के तट पर पूरी भव्यता का प्रदर्शन करता यह मेला लगता है, जिसमें दुनिया भर से लाखों लोग अपने आध्यात्मिक उन्नयन के लिए शामिल होते हैं। वास्तव में 'सिंहस्थ' का आयोजन स्थल होने के साथ उज्जैन के इस प्राचीन शहर को भारत के बारह ज्योतिर्लिंगों में से एक होने का सम्मान भी प्राप्त है।
- **अमरकंटक का शिवरात्रि मेला**—पिछले अस्सी सालों से शहडोल जिले के अमरकंटक में नर्मदा नदी के उद्गम स्थल पर शिवरात्रि के दिन यह मेला आयोजित किया जाता है।
- **महामृत्यंजय का मेला**—रीवा जिले के महामृत्युंजय मंदिर में बसंत पंचमी और शिवरात्रि के दिन यह मेला लगता है।
- **चंडी देवी का मेला**—सीधी जिले के घोघरा गांव में चण्डी का मंदिर है, जिन्हें देवी पार्वती का अवतार माना जाता है। मार्च-अप्रैल में यह मेला लगता है।

प्रमुख मेले (एक दृष्टि में)

क्र.	नाम	समय अवधि	स्थान
1.	बाणगंगा	फागुन	शिवपुरी
2.	जोगेश्वरी देवी	चैत्र माह में	चंदेरी अशोकनगर
3.	हीरा भूमिया	अगस्त-सितंबर	ग्वालियर व गुना
4.	माघ घोघरा	शिवरात्रि पर 15 दिनों तक	भैरोनाथ (सिवनी)
5.	सनकुआ	कार्तिक पूर्णिमा से 15 दिनों तक	(सेवड़ा) सनकुआ नामक स्थान पर सिंध नदी के तट पर (दतिया)
6.	रामजी बाबा	दिसंबर	होशंगाबाद
7.	मांधाता	कार्तिक माह का सात दिवसीय मेला	मांधाता (खंडवा), (सितंबर, अक्टूबर)
8.	मांधाता	कार्तिक	ओंकारेश्वर

प्रश्नमाला

1. मध्य प्रदेश में ऐसा कौन-सा मंदिर है, जिसके पट वर्ष में सिर्फ एक बार खुलते हैं?
   (a) गोपाल जी का मंदिर (b) गौरी सोमनाथ का मंदिर
   (c) चतुर्भुज का मंदिर (d) नागचंद्रेश्वर का मंदिर
2. निम्नांकित में से किस स्थान पर जैनियों के 108 मंदिर हैं?
   (a) खजुराहो (छतरपुर) (b) सोनागिरि (दतिया)
   (c) गोम्मटगिरि (इंदौर) (d) मुक्तागिरि (बैतूल)
3. महाभारत युद्ध में मध्य प्रदेश के किन महाजनपदों ने पाण्डवों की ओर से युद्ध लड़ा था?
   (a) वत्स (b) काशी
   (c) दशार्ण (d) उपर्युक्त सभी
4. मध्य प्रदेश सरकार लोक कलाओं के लिए निम्नलिखित में से कौन-सा फेलोशिप प्रदान करती है?
   (a) मुक्तिबोध फेलोशिप
   (b) चक्रधर फेलोशिप
   (c) राजेंद्र प्रसाद माथुर फेलोशिप
   (d) अलाउद्दीन खां फेलोशिप
5. मध्य प्रदेश के प्रख्यात् लोक साहित्यकार घाघ से संबंधित कौन-सा कथन सत्य है?
   (a) अपनी कहावतों के लिए विख्यात् घाघ की जन्मभूमि कन्नौज के समीप चौध री सराय नामक ग्राम माना जाता है।
   (b) इन्हें अकबर का समकालीन माना जाता है।
   (c) घाघ को कविता, ज्योतिष एवं नीति का अच्छा ज्ञान था, वे कृषि को सर्वोत्तम व्यवसाय मानते थे।
   (d) उपर्युक्त सभी।
6. बागियों का गढ़ किसे कहा जाता है?
   (a) मालवा - निमाड (b) ग्वालियर - जबलपुर
   (c) भिण्ड - मुरैना (d) भोपाल - इंदौर
7. किसके बारे में यह कहा जाता है कि उसकी मृत्यु से 'विद्या और विद्वान्' दोनों निराश्रित हो गए?
   (a) राजा भोज (b) राजा धंग
   (c) यशोवर्मन (d) राजा हर्ष
8. मध्य प्रदेश फिल्म विकास निगम की स्थापना कब की गई थी?
   (a) 1979 में (b) 1980 में
   (c) 1981 में (d) 1982 में

9. काठी मध्य प्रदेश के किस क्षेत्र का लोक नाट्य है?

(a) मालवा   (b) दतिया

(c) खरगौन   (d) मण्डला

10. महंत कल्याणदास की प्रसिद्धि का कारण है:

(a) लोककला   (b) मणिपुरी नृत्य

(c) भरतनाट्यम   (d) कथक नृत्य

11. मध्य प्रदेश के लोक साहित्यकारों एवं उनके जन्म स्थल से संबंधित निम्नलिखित कौन-सा युग्म असत्य है?

लोक साहित्यकार		जन्म स्थल
(a) सिंगाजी	:	खजूरी
(b) जगनिक	:	कालिंजर
(c) ईसूरी	:	झांसी
(d) घाघ	:	कन्नौज

12. बाबा अलाउद्दीन खां का संबंध किस नगर से है?

(a) धार   (b) मैहर

(c) विदिशा   (d) इंदौर

उत्तरमाला

1. (d)   2. (b)   3. (d)   4. (b)   5. (d)   6. (c)

7. (a)   8. (c)   9. (a)   10. (b)   11. (a)   12. (b)

❏❏❏

विविध तथ्य

जिला दर्शन
जिला-भोपाल

विकासखण्ड	फंदा एवं बैरसिया
तहसीलें	हुजूर, बैरसिया, शहर भोपाल, कोलार, टीटी नगर, एम.पी. नगर, गोविन्दपुरा व बैरागढ़
क्षेत्रफल	2772 वर्ग किमी
जनसंख्या (2011)	2371061
साक्षरता	80.4%
लिंगानुपात	918
घनत्व (म.प्र. में (सर्वाधिक)	855
अनुसूचित जाति	15.1%
अनुसूचित जनजाति	2.9%

जिला-विदिशा

विकासखण्ड	विदिशा, ग्यारसपुर, बासौदा, नटेरन, कुरवई, सिरोंज एवं लटेरी
तहसीलें	विदिशा, ग्यारसपुर, बासौदा, नटेरन, कुरवई, सिरोंज, लटेरी, शमशाबाद, त्यौंदा, पठारी एवं गुलाबगंज
क्षेत्रफल	7371 वर्ग किमी
जनसंख्या (2011)	14,58,875
साक्षरता	79.5%
लिंगानुपात	896
घनत्व	198
अनुसूचित जाति	20.0%
अनुसूचित जनजाति	4.6%

जिला-सीहोर

विकासखण्ड	सीहोर, इछावर, आष्टा, बुधनी एवं नसरुल्लागंज
तहसीलें	सीहोर, इछावर, आष्टा, बुधनी, नसरुल्लागंज, रेहटी, श्यापुर एवं जावर
क्षेत्रफल	6578 वर्ग किमी
जनसंख्या (2011)	13,11,332
साक्षरता	70.1%
लिंगानुपात	918
घनत्व	199
अनुसूचित जाति	20.7%
अनुसूचित जनजाति	11.1%

जिला-राजगढ़

विकासखण्ड	राजगढ़, खिलचीपुर, जीरापुर, नरसिंहगढ़, ब्यावरा एवं सारंगपुर,
तहसीलें	राजगढ़, खिलचीपुर, जीरापुर, नरसिंहगढ़, ब्यावरा, सारंगपुर एवं पचौर
क्षेत्रफल	6153 वर्ग किमी
जनसंख्या (2011)	15,45,814
साक्षरता	61.2%
लिंगानुपात	956
घनत्व	251
अनुसूचित जाति	19.1%
अनुसूचित जनजाति	3.5%

जिला-रायसेन

विकासखण्ड	सांची, औबेदुल्लागंज, बेगमगंज, गैरतगंज, सिलवानी, बरेली एवं उदयपुरा
तहसीलें	रायसेन, गोहरगंज, बेगमगंज, गैरतगंज, सिलवानी, बरेली, उदयपुरा, सुल्तानपुर, एवं बाड़ी
क्षेत्रफल	8466 वर्ग किमी
जनसंख्या (2011)	13,31,597
साक्षरता	73.0%
लिंगानुपात	901
घनत्व	157
अनुसूचित जाति	17.0%
अनुसूचित जनजाति	15.4%

जिला-ग्वालियर

विकासखण्ड	मुरार, घाटीगांव, डबरा, भितरवार,
तहसीलें	गिर्द (ग्वालियर), डबरा, भितरवार चिनोर एवं घाटीगांव
क्षेत्रफल	4560 वर्ग किमी
जनसंख्या (2011)	20,32,036
साक्षरता	76.7%
लिंगानुपात	864
घनत्व	446
अनुसूचित जाति	19.3%
अनुसूचित जनजाति	3.5%

जिला-अशोकनगर

विकासखण्ड	अशोकनगर, ईसागढ़, मुंगावली एवं चन्देरी
तहसीलें	अशोकनगर, ईसागढ़, मुंगावली, चन्देरी, नई सराय एवं शाढ़ोरा।
क्षेत्रफल	4674 वर्ग किमी

जनसंख्या (2011)	8,45,071
साक्षरता	66.4%
लिंगानुपात	904
घनत्व	181
अनुसूचित जाति	20.8%
अनुसूचित जनजाति	9.7%

जिला-शिवपुरी

विकासखण्ड	शिवपुरी, कोलारस, करेरा, नरवर, पोहरी, पिछोर, खनियाधाना एवं बदरवास
तहसीलें	शिवपुरी, कोलारस, करेरा, नरवर, पोहरी, पिछोर, खनियाधाना, बदरवास एवं बैराढ़
क्षेत्रफल	10227 वर्ग किमी
जनसंख्या (2011)	17,26,050
साक्षरता	62.5%
लिंगानुपात	877
घनत्व	171
अनुसूचित जाति	18.6%
अनुसूचित जनजाति	13.2%

जिला-दतिया

विकासखण्ड	दतिया, सेवड़ा, भाण्डेर
तहसीलें	दतिया, सेवड़ा, भाण्डेर, इन्दरगढ़ एवं बढ़ौनी
क्षेत्रफल	2691 वर्ग किमी
जनसंख्या (2011)	7,86,754
साक्षरता	72.6%
लिंगानुपात	873
घनत्व	271
अनुसूचित जाति	25.5% (म.प्र. में सर्वाधिक)
अनुसूचित जनजाति	1.9%

जिला-गुना

विकासखण्ड	गुना, बमोरी, चाचौड़ा, राघोगढ़, कुंभराज एवं आरौन
तहसीलें	गुना, बमोरी, चाचौड़ा, कुंभराज, राघोगढ़, आरौन, मकसूदनगढ़
क्षेत्रफल	6390 वर्ग किमी
जनसंख्या (2011)	12,41,519
साक्षरता	63.2%
लिंगानुपात	912
घनत्व	194
अनुसूचित जाति	15.6%
अनुसूचित जनजाति	15.4%

जिला-श्योरपुर

विकासखण्ड	श्योरपुरकलां, विजयपुर, कराहल।
	(आदिवासी विकासखण्ड)
तहसीलें	श्योपुरकलां, विजयपुर, कराहल, बड़ौदा एवं बीरपुर
क्षेत्रफल	6,606 वर्ग किमी
जनसंख्या (2011)	6,87,861
साक्षरता	57.4%
लिंगानुपात	901
घनत्व	104
अनुसूचित जाति	15.8%
अनुसूचित जनजाति	23.5%

जिला-मुरैना

विकासखण्ड	मुरैना, अम्बाह, पोरसा, जौरा, पहाड़गढ़, सबलगढ़, कैलारस
तहसीलें	मुरैना, अम्बाह, पोरसा, जौरा, सबलगढ़
	एवं कैलारस
क्षेत्रफल	4989 वर्ग किमी
जनसंख्या (2011)	19,65,970
साक्षरता	70.0%
लिंगानुपात	840
घनत्व	394
अनुसूचित जाति	21.4%
अनुसूचित जनजाति	0.9%

जिला-भिण्ड

विकासखण्ड	भिण्ड, अटेर, मेहगांव, लहार, मिहोन, (रौन) एवं गोहद
तहसीलें	भिण्ड, अटेर, मेहगांव, लहार, रौन,
	मिहोन, गोहद, गोरमी एवं मऊ
क्षेत्रफल	4459 वर्ग किमी
जनसंख्या (2011)	17,03,005
साक्षरता	75.3%
लिंगानुपात	837 (सबसे कम)
घनत्व	382
अनुसूचित जाति	22.9%
अनुसूचित जनजाति	0.4% (सबसे कम)

जिला-बड़वानी (निमाड़ का पेरिस)

विकासखण्ड	बड़वानी, पाटी, ठीकरी, राजपुर, पानसेमल, सेंधवा और
	निवाली (आदिवासी विकासखण्ड)
तहसीलें	बड़वानी, ठीकरी, राजपुर, पानसेमल, सेन्धवा, निवाली,
	अंजड, पाटी एवं बरला

क्षेत्रफल	5422 वर्ग किमी
जनसंख्या (2011)	13,85,881
साक्षरता	49.1%
लिंगानुपात	982
घनत्व	255
अनुसूचित जाति	6.3%
अनुसूचित जनजाति	69.4%

जिला-अलीराजपुर

विकासखण्ड	अलीराजपुर, जोबट, भावरा, सोण्डवा, कट्ठीवाड़ा, उदयगढ़ (आदिवासी विकासखण्ड)
तहसीलें	अलीराजपुर, जोबट, भावरा, कट्ठीवाड़ा एवं सोण्डवा
क्षेत्रफल	3182 वर्ग किमी
जनसंख्या (2011)	7,28,999
साक्षरता	36.1%
लिंगानुपात	1011
घनत्व	229
अनुसूचित जाति	3.7%
अनुसूचित जनजाति	89.0 (सर्वाधिक)

जिला-बुरहानपुर

विकासखण्ड	खकनार और बुरहानपुर (आदिवासी विकासखण्ड)
तहसीलें	खकनार, बुरहानपुर एवं नेपानगर
क्षेत्रफल	3427 वर्ग किमी
जनसंख्या (2011)	7,57,847
साक्षरता	64.4%
लिंगानुपात	951
घनत्व	221
अनुसूचित जाति	8.5%
अनुसूचित जनजाति	30.4%

जिला-धार

विकासखण्ड	धार, नालछा, तिरला, बदनावर, सरदारपुर, मनावर, धरमपुरी, गंधवानी, बाकानेर (उमरवन), कुक्षी, निरसरपुर, बाग, डही (आदिवासी विकासखण्ड)
तहसीलें	धार, बदनावर, सरदारपुर, मनावर, धरमपुरी, गंधबानी, कुक्षी एवं ड़ही
क्षेत्रफल	8153 वर्ग किमी
जनसंख्या (2011)	21,85,793
साक्षरता	59.0%
लिंगानुपात	964

घनत्व	268
अनुसूचित जाति	6.7%
अनुसूचित जनजाति	55.9%

जिला-इन्दौर

विकासखण्ड	इन्दौर, महू, सांवेर एवं देपालपुर,
तहसीलें	इन्दौर, महू, सांवेर, देपालपुर एवं हातोद
क्षेत्रफल	3898 वर्ग किमी
जनसंख्या (2011)	32,76,697
साक्षरता	80.9%
लिंगानुपात	928
घनत्व	841
अनुसूचित जाति	16.6%
अनुसूचित जनजाति	6.6%

जिला-खंडवा (पूर्वी निमाड़)

विकासखण्ड	खंडवा, पुनासा, छेगांव, माखन, पंधाना, हरसूद, खालवा एवं बलड़ी (किल्लौद) (आदिवासी विकासखण्ड)
तहसीलें	खंडवा, पंधाना, हरसूद, पुनासा, खालवा
क्षेत्रफल	7349 वर्ग किमी
जनसंख्या (2011)	13,10,061
साक्षरता	66.4%
लिंगानुपात	943
घनत्व	178
अनुसूचित जाति	11.2%
अनुसूचित जनजाति	35.0%

जिला-खरगौन (पश्चिमी निमाड़)

विकासखण्ड	खरगौन, गोगांवा, भगवानपुरा, सेगांव, झिरन्या, भीकनगांव, महेश्वर, बड़वाह एवं कसरावाद (आदिवासी विकासखण्ड)
तहसीलें	खरगौन, भगवानपुरा, सेगांव, भीकनगांव, झिरन्या ,महेश्वर, बड़वाह, करसरावाद एवं गोगांवा
क्षेत्रफल	8030 वर्ग किमी
जनसंख्या (2011)	18,73,046
साक्षरता	62.7%
लिंगानुपात	965
घनत्व	233
अनुसूचित जाति	11.2%
अनुसूचित जनजाति	39.0%

जिला-झाबुआ

विकासखण्ड	झाबुआ, रामा, रानापुर, पेटलावाद, थांदला एवं मेघनगर (आदिवासी विकासखण्ड)

तहसीलें	झाबुआ, रानापुर, पेटलावाद, थांदला एवं मेघनगर
क्षेत्रफल	3596 वर्ग किमी
जनसंख्या (2011)	10,25,048
साक्षरता	43.3%
लिंगानुपात	990
घनत्व	285
अनुसूचित जाति	1.7%
अनुसूचित जनजाति	87.0%

जिला-बालाघाट

विकासखण्ड	बालाघाट, लांजी, किंरनापुर, परसवाड़ा, बिरसा, वारासिवानी, खैरलांजी, कटंगी, बैहर एवं लालबर्रा (आदिवासी विकासखण्ड)
तहसीलें	बालाघाट, लांजी, किरनापुर, बैहर, वारासिवनी, खैरलांजी, कटंगी, लालबर्रा, तिरोड़ी, परसवाड़ा एवं बिरसा
क्षेत्रफल	9229 वर्ग किमी
जनसंख्या (2011)	17,01,698
साक्षरता	77.1%
लिंगानुपात	1021 (सर्वाधिक)
घनत्व	184
अनुसूचित जाति	7.4%
अनुसूचित जनजाति	22.5%

जिला-सिवनी

विकासखण्ड	सिवनी, बरघाट, कुरई, केवलारी, लखनादौन, छपारा, कहानापास (घंसौर)एवं धनौरा (आदिवासी विकासखण्ड)
तहसीलें	सिवनी, बरघाट, कुरई, केवलारी, लखनादौन, घंसौर, छपारा एवं धनौरा
क्षेत्रफल	8758 वर्ग किमी
जनसंख्या (2011)	13,79,131
साक्षरता	72.1%
लिंगानुपात	982
घनत्व	157
अनुसूचित जाति	9.5%
अनुसूचित जनजाति	37.7%

जिला-जबलपुर

विकासखण्ड	पनागर, कुण्डम, बरगी (जबलपुर), सिहोरा, पाटन, मझौली एवं शहपुरा
तहसीलें	जबलपुर, कुन्डम, सिहोरा, पाटन, मझौली, शहपुरा एवं पनागर
क्षेत्रफल	5211 वर्ग किमी
जनसंख्या (2011)	24,63,289

साक्षरता	81.1% (सर्वाधिक)
लिंगानुपात	929
घनत्व	473
अनुसूचित जाति	14.1%
अनुसूचित जनजाति	15.2%

जिला-डिण्डोरी

विकासखण्ड	डिण्डोरी, अमरपुर, करंजिया, समनापुर, बजाग, मेहदवानी, शहपुरा, (आदिवासी विकासखण्ड)
तहसीलें	डिण्डोरी, बजाग एवं शहपुरा
क्षेत्रफल	7469 वर्ग किमी
जनसंख्या (2011)	7,04,524
साक्षरता	63.9%
लिंगानुपात	1002
घनत्व	94 (सबसे कम)
अनुसूचित जाति	5.6%
अनुसूचित जनजाति	64.7%

जिला-छिंदवाड़ा

विकासखण्ड	छिन्दवाड़ा, तामिया, परासिया, मोहखेड़ा, जामई, सांभर, पांढुर्ना, बिछुआ, अरमवाडा, चौरई एवं हर्रई। (आदिवासी विकासखण्ड)
तहसीलें	छिन्दवाड़ा, तामिया, परासिया, जामई, सौसर, पांढुर्ना, बिछुआ, अमरवाड़ा, चौरई, उमरेठ, चांद, मोहखेड़ और हर्रई
क्षेत्रफल	11815 वर्ग किमी (सर्वाधिक)
जनसंख्या (2011)	20,90,922
साक्षरता	71.2%
लिंगानुपात	964
घनत्व	177
अनुसूचित जाति	11.1%
अनुसूचित जनजाति	36.8%

जिला-कटनी

विकासखण्ड	बहोरी, ढीमरखेड़ा, रीठी, कटनी, बडवारा एवं विजयराघोगढ़
तहसीलें	बहरी, ढीमरखेड़ा, मुड़वारा (कटनी), रीठी, बडवारा, विजयराघोगढ़, बरही
क्षेत्रफल	4950 वर्ग किमी
जनसंख्या (2011)	12,92,042
साक्षरता	72.0%
लिंगानुपात	952
घनत्व	261

अनुसूचित जाति	12.1%
अनुसूचित जनजाति	24.6%

जिला–मण्डला

विकासखण्ड	मण्डला, मोहगांव, घुघरी, नैनपुर, बिछिया, मवई, निवास, नारायणगंज एवं बीजाड़ोडी (आदिवासी विकासखण्ड)
तहसीलें	मण्डला, नैनपुर, बिछिया, निवास, नारायणगंज एवं घुघरी
क्षेत्रफल	5800 वर्ग किमी
जनसंख्या (2011)	10,54,905
साक्षरता	66.9%
लिंगानुपात	1008
घनत्व	182
अनुसूचित जाति	4.6%
अनुसूचित जनजाति	57.9%

जिला–नरसिंहपुर

विकासखण्ड	नरसिंहपुर, गोटेगांव, करेली, साईंखेड़ा, बाबई (चिचली) एवं चावरपाठा
तहसीलें	नरसिंहपुर, गोटेगांव, करेली, गाडरवारा एवं तेंदूखेड़ा
क्षेत्रफल	5133 वर्ग किमी
जनसंख्या (2011)	10,91,854
साक्षरता	75.7%
लिंगानुपात	920
घनत्व	213
अनुसूचित जाति	16.9%
अनुसूचित जनजाति	13.4%

जिला–बैतूल

विकासखण्ड	बैतूल, चिचोली, घोड़ाडोंगरी, शाहपुर, मुलताई, प्रभातपट्टन, आमला, भैंसदेही, आठनेर एवं भीमपुर (आदिवासी विकासखण्ड)
तहसीलें	बैतूल, शाहपुर, मुलताई, आमला, भैंसदेही, आठनेर, घोड़ाड़ोंगरी एवं चिचोली
क्षेत्रफल	10,043 वर्ग किमी
जनसंख्या (2011)	15,75,363
साक्षरता	68.9%
लिंगानुपात	971
घनत्व	157
अनुसूचित जाति	10.1%
अनुसूचित जनजाति	42.3%

जिला-होशंगाबाद

विकासखण्ड	होशंगाबाद, बाबई, केशला, सोहागपुर बनखेड़ी, पिपरिया एवं सिवनी मालवा। (आदिवासी विकासखण्ड)
तहसीलें	होशंगाबाद, बाबई, इटारसी, सोहागपुर, बनखेड़ी, पिपरिया, सिवनी मालवा एवं डोलरिया
क्षेत्रफल	6703 वर्ग किमी
जनसंख्या (2011)	12,41,350
साक्षरता	75.3%
लिंगानुपात	914
घनत्व	185
अनुसूचित जाति	16.5%
अनुसूचित जनजाति	15.9%

जिला-हरदा

विकासखण्ड	खिरकिया, हरदा एवं टिमरनी
तहसीलें	खिरकिया, हरदा, टिमरनी, सिराली, रेहटगाँव एवं हंडिया
क्षेत्रफल	3334 वर्ग किमी
जनसंख्या (2011)	5,70,465 (सबसे छोटा जिला)
साक्षरता	72.5%
लिंगानुपात	935
घनत्व	171
अनुसूचित जाति	16.3%
अनुसूचित जनजाति	28.0%

जिला-सीधी

विकासखण्ड	सीधी, सिंहावल, कुसमी, मझौली एवं रामपुर नैकिन (आदिवासी विकासखण्ड)
तहसीलें	गोपदबनास, सिंहावल, कुसमी, मझौली, रामपुर, नैकिन, बहरी एवं चुरहट
क्षेत्रफल	4851 वर्ग किमी
जनसंख्या (2011)	11,27,033
साक्षरता	64.4%
लिंगानुपात	957
घनत्व	232
अनुसूचित जाति	11.6%
अनुसूचित जनजाति	27.8%

जिला-सिंगरौली

विकासखण्ड	देवसर, चितरंगी एवं बैढ़न
तहसीलें	देवसर, चितरंगी, सिंगरौली, सरई एवं माड़ा
क्षेत्रफल	5675 वर्ग किमी

जनसंख्या (2011)	11,78,273
साक्षरता	62.4%
लिंगानुपात	920
घनत्व	208
अनुसूचित जाति	12.8%
अनुसूचित जनजाति	32.6%

जिला-रीवा

विकासखण्ड	रीवा, रायपुर (कर्चुलियान), मऊगंज, हनुमना, नईगढ़ी, त्योंथर, जवा, सिरमौर एवं गंगेव
तहसीलें	हुजूर, रायपुर (कर्चुलियान), मऊगंज, हनुमना, गुढ, त्योंथर, सिरमौर, मनगंवा, सेमरिया, जवा एवं नई गढ़ी।
क्षेत्रफल	6314 वर्ग किमी
जनसंख्या (2011)	32,65,106
साक्षरता	71.6%
लिंगानुपात	931
घनत्व	375
अनुसूचित जाति	16.2%
अनुसूचित जनजाति	13.2%

जिला-सतना

विकासखण्ड	सतना (सुहावल), मैहर, चित्रकूट (मझगवां) रामपुर बघेलान, नागौद, उचेहरा, अमरपाटन एवं रामनगर रघुराज नगर, रामपुर एवं रामनगर
तहसीलें	रघुराज नगर, रामपुर बघेलान, नागौद, उचेहरा, अमरपाटन, रामनगर, मैहर, मझगवां, कोटर एवं बिरसिंहपुर।
क्षेत्रफल	7502 वर्ग किमी
जनसंख्या (2011)	22,28,935
साक्षरता	72.3%
लिंगानुपात	926
घनत्व	297
अनुसूचित जाति	17.9%
अनुसूचित जनजाति	14.4%

जिला-छतरपुर

विकासखण्ड	छतरपुर, राजनगर, नौगाँव, लौंड़ी, गौरीहार, बिजावर, बड़ामलहरा एवं बक्सवाहा
तहसीलें	छतरपुर, राजनगर, नौगाँव, लौंड़ी, गौरीहार, बिजावर, बड़ामलहरा, महाराजपुर, बक्सवाड़ा, चन्दला एवं घुवारा
क्षेत्रफल	8,687 वर्ग किमी
जनसंख्या (2011)	17,62,375

साक्षरता	63.7%
लिंगानुपात	883
घनत्व	203
अनुसूचित जाति	23.0%
अनुसूचित जनजाति	4.2%

जिला–पन्ना

विकासखण्ड	पन्ना, गुन्नौर, पवई, शाहनगर एवं अजयगढ़
तहसीलें	पन्ना, गुन्नौर, पवई, रैपुरा, शाहनगर, अजयगढ़, अमानगंज, सिमरिया एवं देवेन्द्र नगर।
क्षेत्रफल	7,135 वर्ग किमी
जनसंख्या (2011)	10,16,520
साक्षरता	64.8%
लिंगानुपात	905
घनत्व	142
अनुसूचित जाति	20.5%
अनुसूचित जनजाति	16.8%

जिला–टीकमगढ़

विकासखण्ड	टीकमगढ़, बल्देवगढ़, निवाड़ी, पृथ्वीपुर, जतारा, पलेरा।
तहसीलें	टीकमगढ़, बल्देवगढ़, निवाड़ी, पृथ्वीपुर, जतारा, पलेरा, ओरछा, खरगापुर, मोहनगढ़ एवं लिधौरा
क्षेत्रफल	5,048 वर्ग किमी
जनसंख्या (2011)	14,45,166
साक्षरता	61.4%
लिंगानुपात	901
घनत्व	286
अनुसूचित जाति	25.0%
अनुसूचित जनजाति	4.7%

जिला–सागर

विकासखण्ड	सागर, राहतगढ़, जैसीनगर, रहली, देवरी, केसली, बंडा, शाहगढ़, खुरई, मालथोन एवं बीना।
तहसीलें	सागर, राहतगढ़, रहली, देवरी, केसली, बंडा, शाहगढ़, खुरई, मालथोन एवं बीना
क्षेत्रफल	10,252 वर्ग किमी
जनसंख्या (2011)	32,78,458
साक्षरता	76.5%
लिंगानुपात	893
घनत्व	232
अनुसूचित जाति	21.21%
अनुसूचित जनजाति	9.3%

जिला-दमोह

विकासखण्ड	दमोह, पथरिया, जबेरा, तेन्दूखेड़ा, हटा, पटेरा एवं बटियागढ़।
तहसीलें	दमोह, पथरिया, जबेरा, तेन्दूखेड़ा, हटा, पटेरा एवं बटियागढ़
क्षेत्रफल	7,306 वर्ग किमी
जनसंख्या (2011)	12,64,219
साक्षरता	69.7%
लिंगानुपात	910
घनत्व	173
अनुसूचित जाति	19.5%
अनुसूचित जनजाति	13.2%

जिला-अनूपपुर

विकासखण्ड	अनूपपुर, पुष्पराजगढ़, कोतमा, जैतहरी (आदिवासी विकासखण्ड)
तहसीलें	अनूपपुर, पुष्पराजगढ़, कोतमा एवं जैतहरी
क्षेत्रफल	37.47 वर्ग किमी
जनसंख्या (2011)	74,92,237
साक्षरता	67.9%
लिंगानुपात	976
घनत्व	200
अनुसूचित जाति	9.9%
अनुसूचित जनजाति	47.9%

जिला-उमरिया

विकासखण्ड	उमरिया, (करकेली), पाली नं. 2, मानपुर (आदिवासी विकासखण्ड)
तहसीलें	बान्धवगढ़, पाली, मानपुर, चंदिया एवं नौरोजाबाद
क्षेत्रफल	4,076 वर्ग किमी
जनसंख्या (2011)	6,44,758
साक्षरता	65.9%
लिंगानुपात	950
घनत्व	158
अनुसूचित जाति	9.0%
अनुसूचित जनजाति	46.4%

जिला-शहडोल

विकासखण्ड	सोहागपुर, बुढ़ार, पाली नं. 1, ब्यौहारी, जयसिंहनगर (आदिवासी विकासखण्ड)
तहसीलें	सोहागपुर, जैतपुर, ब्यौहारी, जयसिंहनगर, बुढ़ार एवं गोहपारु
क्षेत्रफल	6205 वर्ग किमी

जनसंख्या (2011)	10,66,063
साक्षरता	66.7%
लिंगानुपात	974
घनत्व	172
अनुसूचित जाति	8.4%
अनुसूचित जनजाति	44.7%

जिला-नीमच

विकासखण्ड	नीमच, जावद, मनासा
तहसीलें	नीमच, जावद, मनासा, सिंगौली, जीरन एवं रामपुरा
क्षेत्रफल	4,256 वर्ग किमी
जनसंख्या (2011)	8,26,067
साक्षरता	70.8%
लिंगानुपात	954
घनत्व	194
अनुसूचित जाति	13.5%
अनुसूचित जनजाति	8.6%

जिला-रतलाम

विकासखण्ड	रतलाम, सैलाना, बाजना, जावरा, पिपलौदा एवं आलोट (आदिवासी विकासखण्ड)
तहसीलें	रतलाम, सैलाना, बाजना, जावरा, पिपलौदा, आलोट, ताल एवं रावटी
क्षेत्रफल	4,861 वर्ग किमी
जनसंख्या (2011)	14,55,069
साक्षरता	66.8%
लिंगानुपात	971
घनत्व	299
अनुसूचित जाति	13.6%
अनुसूचित जनजाति	28.2%

जिला-शाजापुर

विकासखण्ड	शाजापुर, मोमन, बड़ौदिया, शुजालपुर व कालापीपल
तहसीलें	शाजापुर, मोमन, बड़ौदिया, शुजालपुर, कालापीपल, एवं गुलाना
क्षेत्रफल	6,195 वर्ग किमी
जनसंख्या (2011)	15,12,681
साक्षरता	69.1%
लिंगानुपात	938
घनत्व	244
अनुसूचित जाति	23.4%
अनुसूचित जनजाति	2.5%

जिला-मन्दसौर

विकासखण्ड	मन्दसौर, सीतामऊ, महारगढ़, गरोठ, भानपुरा
तहसीलें	मन्दसौर, सीतामऊ, मल्हारगढ़, गरोठ, भानपुरा, सुवासरा, शामगढ़ एवं दालौदा
क्षेत्रफल	5,535 वर्ग किमी
जनसंख्या (2011)	13,40,411
साक्षरता	71.8%
लिंगानुपात	963
घनत्व	242
अनुसूचित जाति	18.6%
अनुसूचित जनजाति	2.5%

जिला-उज्जैन

विकासखण्ड	उज्जैन, घटिया, बड़नगर, खाचरौद, महिदपुर एवं तराना
तहसीलें	उज्जैन, घटिया, बड़नगर, खाचरौद, नागदा, महिदपुर एवं तराना
क्षेत्रफल	6,091 वर्ग किमी
जनसंख्या (2011)	19,86,864
साक्षरता	72.3%
लिंगानुपात	955
घनत्व	326
अनुसूचित जाति	26.4%
अनुसूचित जनजाति	2.5%

जिला-आगर मालवा

गठन	16 अगस्त, 2013 (शाजापुर से अलग कर)
विकासखण्ड	आगर, सूसनेर, नलखेड़ा एवं बड़ौद
तहसीलें	आगर, सुसेनर, नलखेड़ा एवं बड़ौद
क्षेत्रफल	2,785 वर्ग किमी
विधानसभा क्षेत्र	आगर एवं सुसनेर
गांव	503
पुलिस थाने	06
पटवारी हलके	141

जिला-देवास

विकासखण्ड	देवास, सोनकच्छ, टोंकखुर्द, कन्नौद, खातेगांव एवं बागली
तहसीलें	देवास, सोनकच्छ, टोंकखुर्द, कन्नौद, खाते गांव, बागली, हाटपिपल्या, उदयनगर एवं सतवास
क्षेत्रफल	7,020 वर्ग किमी
जनसंख्या (2011)	15,63,715
साक्षरता	69.3%
लिंगानुपात	942

घनत्व	223
अनुसूचित जाति	18.7%
अनुसूचित जनजाति	17.4%

मध्य प्रदेश के प्रमुख अनुसंधान केन्द्र एवं प्रशिक्षण संस्थान

- जनजाति अनुसंधान एवं विकास संस्थान — भोपाल
- लेसर किरण ऊर्जा अनुसंधान केंद्र — इंदौर
- महात्मा गांधी राज्य ग्रामीण विकास संस्थान — जबलपुर
- डॉ. अंबेडकर राष्ट्रीय सामाजिक विज्ञान संस्थान — महू
- मानव विकास संस्थान — छिंदवाड़ा
- मध्य प्रदेश जल एवं भूमि प्रबंध संस्थान (वाल्मी) — भोपाल
- मध्य प्रदेश वन अनुसन्धान संस्थान — जबलपुर
- ऊष्ण कटिबंधीय वन संस्थान — जबलपुर
- रेडीमेड गारमेन्ट एवं फैशन डिजायन क्लस्टर — जबलपुर
- अटल बिहारी लोक प्रशासन संस्थान — भोपाल
- यातायात प्रशिक्षण संस्थान — भोपाल
- संजय गांधी युवा नेतृत्व एवं ग्रामीण विकास प्रशिक्षण संस्थान — पचमढ़ी
- अपराध अनुसन्धान प्रशिक्षण संस्थान — सागर

मध्य प्रदेश के प्रसिद्ध नगर व स्थलों के उपनाम

क्र.सं.	स्थान	उपनाम
1.	भेड़ाघाट	संगमरमर की चट्टानें
2.	खजुराहो	शिल्पकला का तीर्थ
3.	उज्जैन	मन्दिरों, मूर्तियों का नगर, महाकाल की नगरी
4.	भिण्ड-मुरैना	बागियों का गढ़
5.	सांची	बौद्ध जगत की पवित्र नगरी
6.	जबलपुर	संगमरमर नगरी
7.	इंदौर	मिनी मुंबई
8.	भीम बेटका	शैल चित्रकला

मध्य प्रदेश के नगरों/स्थलों की प्रसिद्धि के कारण

क्र.सं.	नगरी/स्थान का नाम	प्रसिद्धि का कारण
1.	ग्वालियर	किले मंदिर
2.	बावनगजा	आदिनाथ की विशाल मूर्ति
3.	चंदेरी	किला व साड़ियां
4.	माण्डू	खूबसूरत महलों के कारण
5.	उज्जैन	कुंभ का मेला व महाकाल का मंदिर
6.	अमलाई	पेपर मिल
7.	खंडवा	सिंगाजी का मेला

मध्य प्रदेश के नगरों के प्राचीन नाम व उनके नवीन (वर्तमान) नाम

प्राचीन या पुराने नाम	नवीन या वर्तमान नाम
धारानगरी	धार
कपिथ्य	कायथा
मल्हार नगरी	इंदौर
इंदूर	इंदौर
जैजाक भक्ति	खजुराहो
उज्जयिनी	उज्जैन
गढ़ मण्डला	मण्डला
एटिकिण	एरण
इन्द्रपुर	इंदौर
दशपुर	मंदसौर

मध्य प्रदेश के महत्त्वपूर्ण व्यक्तियों के उपनाम/उपाधियां

व्यक्ति	उपनाम/उपाधियां
स्व. लक्ष्मणसिंह गौड	दादा
शंकर लक्ष्मण	गोली
आचार्य केशवदास	कठिन काव्य का प्रेत
अलाउद्दीन खां	सरोद सम्राट
संत सिंगाजी	मालवा का कबीर
तानसेन	संगीत सम्राट
कालिदास	भारत का शेक्सपीयर
पण्डित द्वारिका प्रसाद मिश्र	आधुनिक चाणक्य
माखनलाल चतुर्वेदी	एक भारतीय आत्मा
रानी अवंतीबाई	रामगढ़ की झांसी की रानी
लता मंगेशकर	स्वर साम्राज्ञी
चन्द्रशेखर आजाद	शहीद

मध्य प्रदेश के नगर व राजधानी नाम

बालाघाट	—	मैंगनीज राजधानी
मेहर	—	संगीत राजधानी
पचमढ़ी	—	ग्रीष्मकालीन राजधानी
सिंगरौली	—	ऊर्जा राजधानी
भोपाल	—	मध्य प्रदेश की राजधानी

मध्य प्रदेश में प्रथम व्यक्ति

- प्रथम मुख्यमन्त्री — पण्डित रविशंकर शुक्ल
- प्रथम राज्यपाल — डॉ. पट्टाभिसीतारमैया
- प्रथम महिला राज्यपाल — सुश्री सरला ग्रेवाल

- प्रथम महिला मुख्यमन्त्री — सुश्री उमा भारती
- प्रथम विधान सभा उपाध्यक्ष — विष्णु विनायक सरवटे
- प्रथम आदिवासी महिला राज्यपाल — उर्मिला सिंह
- प्रथम महिला मुख्य सचिव — निर्मला बुच
- विधानसभा में प्रथम विपक्ष की महिला नेता — जमुना देवी
- प्रथम महाधिवक्ता — श्री एम. अधिकारी
- प्रथम वित्त आयोग के अध्यक्ष — शीतला सहाय
- प्रथम मुख्य सचिव — एच.एम. कामथ
- प्रथम पुलिस महानिदेशक — वी.पी. दुबे
- प्रथम पुलिस महानिरीक्षक — बी.जी. घाटे
- प्रथम गैर कांग्रेसी मुख्यमंत्री — कैलाश जोशी
- प्रथम विधानसभा अध्यक्ष — कुंजीलाल दुबे
- प्रथम महिला न्यायाधीश — श्रीमती सरोजनी सक्सेना
- प्रथम न्यायाधीश — मो. हिदायतुल्ला
- प्रथम विपक्ष का नेता — विष्णुनाथ तामस्कर
- प्रथम लोकसेवा आयोग का अध्यक्ष — डी.बी. रेड्डी
- प्रथम सूचना आयुक्त — टी.एन. श्रीवास्तव
- प्रथम लोकायुक्त — पी.ह्वी. दीक्षित
- प्रथम राज्य योजना मण्डल के अध्यक्ष — प्रकाश चन्द्र सेठी
- प्रथम राज्य योजना मण्डल के उपाध्यक्ष — डॉ. दयाशंकर निगम
- प्रथम I.P.S. (महिला) — कु. आशा गोपाल
- प्रथम (महिला) I.A.S. — निर्मला बुच
- प्रथम निर्वाचन आयुक्त — एन.वी. लोहानी

मध्य प्रदेश में प्रथम व एकमात्र

- मध्य प्रदेश की प्रथम 'झींगा हेचरी' बालाघाट जिले में स्थापित की गई है।
- राज्य का पहला समाचार-पत्र ग्वालियर अखबार था।
- ऐतिहासिक धराहरों के संरक्षण के लिए प्रदेश का प्रथम राज्य संग्रहालय भोपाल में स्थापित किया गया है।
- मध्य प्रदेश का प्रथम बायोस्फीयर रिजर्व पचमढ़ी में स्थापित किया गया है।
- मध्य प्रदेश का खंडवा जिला राज्य का एकमात्र गांजा उत्पादक जिला है।
- मध्य प्रदेश का राजकीय पशु बारहसिंगा एकमात्र राष्ट्रीय उद्यान कान्हा में पाया जाता है।
- मध्य प्रदेश में एकमात्र कुम्भ (सिंहस्थ) का मेला उज्जैन में आयोजित होता है। (प्रति 12 वर्ष में)
- मध्य प्रदेश का हिन्दी में प्रकाशित होने वाला समाचार-पत्र मालवा अखबार था।
- मध्य प्रदेश का पहला आकाशवाणी केन्द्र इन्दौर में स्थापित हुआ।
- मध्य प्रदेश में सर्वप्रथम टाइगर प्रोजेक्ट कान्हा किसली राष्ट्रीय उद्यान में प्रारम्भ किया गया था।
- मध्य प्रदेश का एकमात्र अफीम उत्पादक जिला मंदसौर है।

- मध्य प्रदेश का एकमात्र किशोर बंदीगृह नरसिंहपुर में है।
- घातक पशु बीमारियों के लिए वैक्सीन बनाने वाली प्रदेश की एकमात्र कम्पनी है।
- मध्य प्रदेश का प्रथम परमाणु बिजलीघर चुटका गांव (मण्डला) में प्रस्तावित है।
- मध्य प्रदेश का प्रथम चिकित्सा महाविद्यालय 1946 में ग्वालियर में स्थापित किया गया।
- मध्य प्रदेश के रतलाम में प्रदेश का पहला अंगूर अनुसन्धान केंद्र बनाया जायेगा।
- देश का पहला सोलर पार्क मध्य प्रदेश के राजगढ़ जिले में स्थापित होगा।
- वनों का पूर्ण राष्ट्रीयकरण करने वाला देश का प्रथम राज्य।
- 73वें संविधान संशोधन के तहत् पंचायती राज लागू करने वाला देश का पहला राज्य है।
- मध्य प्रदेश के खरगोन जिले में प्रदेश का प्रथम शाक-सब्जी प्रक्रिया केंद्र स्थापित किया गया है।
- मध्य प्रदेश का एकमात्र रेप्टाइल पार्क पन्ना में है।
- मध्य प्रदेश का एकमात्र घड़ी बनाने का कारखाना बैतूल में है।
- मध्य प्रदेश का पहला आई.टी. पार्क भोपाल में स्थापित है।
- मध्य प्रदेश का पहला सूचना प्रौद्योगिक (आईटी) विवि ग्वालियर में स्थापित किया गया है।
- मध्य प्रदेश का झाबुआ जिला एकमात्र एस्बेस्टस उत्पादक जिला है।
- मध्य प्रदेश की पहली खुली जेल 'नवजीवन शिविर' के नाम से गुना (वर्तमान अशोकनगर) के मुंगावली में खोली गई।
- मध्य प्रदेश का एकमात्र निर्यात उर्वरक औद्योगिक पार्क देवास मे स्थापित किया गया है।
- मध्य प्रदेश का एकमात्र महिला जेल होशंगाबाद में है।
- मध्य प्रदेश का पहला 'पवन ऊर्जा फार्म' धार जिले के खेड़ागांव की पहाड़ियों पर स्थापित किया गया है।

मध्य प्रदेश के प्रमुख संगठनों/संस्थाओं के कार्यालय/मुख्यालय

- मध्य प्रदेश बीज तथा फार्म विकास निगम (1980) – भोपाल
- इको पयर्टन विकास बोर्ड – भोपाल
- मध्य प्रदेश राज्य अल्पसंख्यक आयोग – भोपाल
- मध्य प्रदेश पिछड़ा वर्ग आयोग – भोपाल
- मध्य प्रदेश अनुसूचित जनजाति आयोग – भोपाल
- मध्य प्रदेश लोक सेवा आयोग – इन्दौर
- मध्य प्रदेश राज्य संचालनालय – भोपाल
- मध्य प्रदेश गौपालन एवं पशुपालन संवर्धन बोर्ड – भोपाल
- मध्य प्रदेश पिछड़ा वर्ग तथा अल्पसंख्यक वित्त एवं विकास निगम – भोपाल
- मध्य प्रदेश वक्फ बोर्ड – भोपाल
- मध्य प्रदेश राज्य उद्योग निगम (1962) – भोपाल
- मध्य प्रदेश लघु उद्योग निगम (1969) – भोपाल

दर्शनीय एवं प्राकृतिक स्थल

स्थल	अवस्थिति	विशिष्ट तथ्य
सांची	रायसेन स्तूप की रेलिंग शुंगों ने बनाई।	बौद्ध तीर्थ स्थल। यहां तीन स्तूप हैं। बड़ा स्तूप 36.5 मीटर व्यास का है तथा ऊंचाई 16.4 मीटर है।
मुक्तागिरि	बैतूल क्षिप्रा नदी के तट पर बसा है।	दिगम्बर जैनियों का पवित्र तीर्थ स्थल। यहां 52 मंदिर हैं। महाकालेश्वर (वेश्या टेकरी स्तूप है) (जन्तर मन्तर) मन्दिर, जन्तर-मन्तर, चिन्तामणि गोपाल जी का मंदिर, संदीपनी आश्रम, मंगलनाथ मन्दिर, भृर्तहरिगुफा। यहां पर 12 वर्षों बाद कुम्भ का मेला लगता है। **2005 में पवित्र नगर घोषित।**
बावनगजा	बड़वानी से 10 किमी. दूर	जैन स्थल 15वीं शताब्दी की 72 फीट ऊंची ऋषभदेव मूर्ति।
खजुराहो	छतरपुर	कंदरिया महादेव मन्दिर, चौसठ योगिनी मन्दिर, चतुर्भुज 950-1050 ई. के मध्य निर्मित मन्दिर, आदिनाथ मन्दिर, नंदी मन्दिर, पार्श्वनाथ मन्दिर, (हवाई सेवा उपलब्ध) आदि प्रमुख मन्दिर हैं। चंदेल राजाओं द्वारा बनवाए गए [यूनेस्को की विश्व धरोहर सूची में शामिल है] मन्दिरों की श्रृंखला है।

मध्य प्रदेश में सबसे बड़ा, छोटा एवं अन्य

सबसे बड़ा रेलवे जंक्शन	इटारसी
सबसे लम्बा पुल	तवा नदी, होशंगाबाद
सबसे बड़ा कोयला क्षेत्र	सोहागपुर
सबसे बड़ी तांबा खदान	बालाघाट
सबसे लम्बी नदी	नर्मदा
सर्वाधिक वन वृक्ष	सागौन
सर्वाधिक कृषि उत्पादन	सोयाबीन
क्षेत्रफल की दृष्टि से सबसे बड़ा संभाग	जबलपुर
क्षेत्रफल की दृष्टि से सबसे छोटा सम्भाग	चम्बल
क्षेत्रफल की दृष्टि से सबसे बड़ा जिला	छिन्दवाड़ा
सबसे बड़ी अनुसूचित जनजाति	भील
सबसे बड़ा राष्ट्रीय मार्ग	नेशनल हाईवे-3 (आगरा- मुम्बई)
सबसे छोटा राष्ट्रीय राजमार्ग	नेशनल हाईवे-76

प्रदेश के प्रमुख राष्ट्रीय राजमार्ग : एक दृष्टि में

राष्ट्रीय राजमार्ग क्रं	कहां से कहां	लंबाई
NH-3	आगरा-मुम्बई वाया इंदौर	712
NH-7	वाराणसी जबलपुर नागपुर कन्याकुमारी	504
NH-12	जयपुर, जबलपुर, वाया उज्जैन	486
NH-12A	जबलपुर, चिलपी	482
NH-25	लखनऊ, कानपुर, झांसी, शिवपुरी	82
NH-26	झांसी, लखनादौना वाया सागर	268
NH-27	मनगवां इलाहाबाद	50
NH-59	अहमदाबाद, झाबुआ-धार घाटा बिलौद इंदौर	139
NH-59A	इंदौर, बैतूल को विस्तार दिया गया है।	264
NH-69	औबेदुल्लागंज, होशंगाबाद, बैतूल मुल्ताई नागपुर	295
NH-75	ग्वालियर, झांसी, खुजराहो, छतरपुर, पन्ना सतना रीवा	600
NH-75A	रीवा, रेणुकूट, गढ़वा, डाल्टनगंज, रांची	211
NH-76	पिंडवाड़ा, उदयपुर, चित्तौड़गढ़, कोटा, झांसी, इलाहाबाद	76
NH-78	कटनी, शहडोल, अम्बिकापुर जशपुर, गूमला	178
NH-86	देवास, भोपाल, विदिशा, सागर, छतरपुर कानपुर	379

महत्वपूर्ण व्यक्तित्व

- **डॉ. हरिसिंह गौर**—आपका जन्म 26 नवम्बर, 1870 को म.प्र. के सागर शहर में हुआ था। वे एक मेधावी छात्र थे। दिल्ली विश्वविद्यालय के कुलपति तथा बाद में नागपुर विश्वविद्यालय के कुलपति के रूप में उनके द्वारा किए गए कार्यों की प्रशंसा की गयी। डॉ. गौर को उनकी सार्वजनिक सेवाओं का सम्मान करते हुए 1925 में सर की उपाधि दी गयी।
- **माधवराव सिंधिया**—श्री सिंधिया का जन्म ग्वालियर के महाराजा के यहां 10 मार्च, 1945 को हुआ। इनकी माता का नाम विजयराजे सिंधिया तथा पिता का नाम जीवाजीराव सिंधिया था। ये कई बार लोकसभा के लिए निर्वाचित हुए। केन्द्र सरकार में विभिन्न मन्त्री पदों पर रहे। 30 सितम्बर, 2001 को एक विमान दुर्घटना में मृत्यु हो गई।
- **डॉ. भीमराव अम्बेडकर**—भारतीय संविधान के वास्तुकारों में से एक अम्बेडकर का म.प्र. से अटूट नाता है। इनका जन्म म.प्र. के महू में 14 अप्रैल, 1891 को हुआ। डॉ. अम्बेडकर ने अपना सारा जीवन हिन्दू धर्म की चतुर्वर्गी प्रणाली और भारतीय समाज में व्याप्त जाति प्रथा के विरुद्ध संघर्ष में बिताया। 6 दिसम्बर, 1965 को नई दिल्ली में उनका देहावसान हुआ। बाबा साहेब को 1990 में मरणोपरान्त भारतरत्न से सम्मानित किया गया।
- **अटल बिहारी वाजपेयी**—इनका जन्म 25 दिसम्बर, 1926 को ग्वालियर में हुआ था। इनकी शिक्षा ग्वालियर एवं कानपुर में हुई, पिता का नाम कृष्ण बिहारी वाजपेयी था। इन्होंने भारत छोड़ो आन्दोलन से सार्वजनिक जीवन में प्रवेश किया। वे जनसंघ के संस्थापक सदस्य थे। ये

लोकसभा एवं राज्यसभा के सदस्य भी रहे। सन् 1966-67 में कनाडा में आयोजित गुट निरपेक्ष संसदीय संगठन के सम्मेलन में भारतीय शिष्ट सम्मेलन का नेतृत्व किया। 1977 में गठित जनता पार्टी की सरकार में विदेशी मन्त्री रहे। 1999 में तीसरी बार प्रधानमन्त्री बने। इनके द्वारा रचित पुस्तकें—मेरी इक्यावन कविताएं, जनसंघ और मुसलमान, मेरी संसद यात्रा आदि। 1992 में इन्हें पद्मविभूषण से सम्मानित किया। वर्ष **2014** को आपको **भारत रत्न** से नवाजा गया है।

- **डॉ. शंकरदयाल शर्मा**—जन्म 19 अगस्त, 1918 को भोपाल में हुआ था। वे भोपाल राज्य के मुख्यमंत्री, केंद्र सरकार में मंत्री एवं भारतीय राष्ट्रीय कांग्रेस के अध्यक्ष (1972-1974) भी रहे। जुलाई 1992 से 25 जुलाई, 1997 तक भारत के राष्ट्रपति रहे। लंबी बीमारी के बाद 9 अक्टूबर, 1999 को दिल का दौरा पड़ने से मृत्यु हुई। रचित पुस्तक—'कांग्रेस अप्रोच टू इण्टरनेशल अफेयर्स' है।
- **रविशंकर शुक्ल**—म.प्र. के प्रथम मुख्यमन्त्री अपने कालखण्ड में जीवित किंवदन्ती की तरह थे। उनका जन्म 2 अगस्त, 1877 को सागर में हुआ था। 1942 में भारत छोड़ो आन्दोलन में सक्रिय भाग लेने पर आपकी तारीफ हुई। एक नवम्बर, 1956 को जब म.प्र. का गठन हुआ तो आपको मुख्यमन्त्री बनाया गया लेकिन दो माह बाद ही 31 दिसम्बर, 1956 को देहावसान हो गया।
- **विजयराजे सिंधिया**—इनका जन्म 12 अक्टूबर, 1919 को सागर जिले में ठाकुर महेन्द्र (नेपाल के राणा के वंशज) के यहाँ हुआ था। इनके बचपन का नाम लेखा दिव्येश्वरी था। इनका विवाह ग्वालियर के महाराजा जीवाजीराव सिन्धिया से हुआ था। 1957 में पहली बार गुना से लोकसभा के लिए चुनी गयीं। 2001 में इनका निधन हो गया।
- **आचार्य रजनीश**—जन्म 11 दिसम्बर, 1931 को कुपवाड़ा में हुआ था। इनका मूलनाम चन्द्रमोहन जैन था। ओशो के नाम से प्रसिद्ध स्व. रजनीश ने अपने जीवन काल में भारतीय धर्म, दर्शन, एवं परम्परा को लेकर एक नए विचार को जन्म दिया। वे अपने जीवन काल में ही भगवान और ओशो के तौर पर विख्यात हो गये थे। इस दौरान उन्हें कई बार विरोधों का सामना करना पड़ा।
- **मो. हिदायतुल्ला**—म.प्र. में जन्मे मो. हिदायतुल्ला नागपुर उच्च न्यायालय एवं म.प्र. उच्च न्यायालय के मुख्य न्यायाधीश रहे। बाद में सर्वोच्च न्यायालय के मुख्य न्यायाधीश के पद को सुशोभित किया। भारत के कार्यवाहक राष्ट्रपति एवं कई संस्थाओं के पदाधिकारी भी रहे।
- **रमेशचन्द्र लाहोटी**—गुना में जन्मे श्री लाहोटी सर्वोच्च न्यायालय के मुख्य न्यायाधीश पद तक पहुंचे।
- **बालकवि बैरागी**—इनका जन्म मन्दसौर में हुआ था। वे स्वतन्त्रता संग्राम सेनानी, लेखक, गीतकार एवं राजनीतिज्ञ के रूप में प्रसिद्ध हैं, विधायक मन्त्री एवं सांसद रहे श्री बैरागी राष्ट्रीय मजदूर संघ के अध्यक्ष भी रहे। इनकी प्रसिद्ध रचनाएँ-जूझ रहा हिन्दुस्तान, दर्द दीवानी प्रमुख थीं।
- **गणेश शंकर विद्यार्थी**—इनका जन्म 26 अक्टूबर, 1890 को इलाहाबाद में हुआ था। बाल्यकाल म.प्र. के अशोकनगर जिले के मुंगावली में बीता। यहां उनके पिता शिक्षक थे। श्री विद्यार्थी ने भारतीय पत्रकारिता में अनूठे प्रतिमान गढ़े। उनके प्रताप ने फिरंगी हुकूमत के संरक्षण में पल रहे शोषण और अत्याचार के विरुद्ध खोजी पत्रकारिता को हथियार बनाया। 25 मार्च, 1931 को कानपुर में हुए साम्प्रदायिक दंगों की आग बुझाते हुए शहीद हो गए।

- **राजेन्द्र माथुर**—इनका जन्म 7 अगस्त, 1935 को धार जिले के बदनावर में हुआ था। मालवा के सामान्य परिवार में जन्मे, पले और बड़े हुए राजेन्द्र माथुर ने अपने जीवन काल में हिन्दी पत्रकारिता में वह चमत्कार कर दिखाया जो न सहज था और न सरल। इन्होंने इन्दौर से प्रकाशित नई दुनिया से राष्ट्रीय एवं अन्तर्राष्ट्रीय राजनीति पर लेखन कार्य शुरू किया था। आपकी पुस्तकें-राम नाम से प्रजातन्त्र तक (3 खण्ड से पूर्व भारत : एक अन्तहीन यात्रा, सपनों में बनता देश, गाँधीजी की जेलयात्रा, नब्ज पर हाथ आदि थीं।)
- **शरद जोशी**—प्रख्यात व्यंग्यकार शरद जोशी का जन्म 21 मई 1931 को उज्जैन में हुआ। उनका व्यंग्य स्तम्भ नई दुनिया और बाद में नवभारत टाइम्स में खूब मशहूर हुआ। आपकी 18 पुस्तकें प्रकाशित हो चुकी हैं-जिनमें परिक्रमा, रहा किनारे बैठ, किसी बहाने तिलिस्म, दूसरी सतह आदि प्रमुख हैं।
- **विट्ठलभाई पटेल**—इनका जन्म 21 मई, 1936 को हुआ। वे एक राजनीतिज्ञ होने के साथ ही कवि व शायर भी थे। आपकी प्रमुख रचनाएं हैं—दीवारों के खिलाफ, प्यासे घट एवं अन्त नहीं आएगा आदि। 2013 में निधन हुआ।
- **कवि प्रदीप**—आपका जन्म 1915 में बड़नगर, उज्जैन में हुआ था। आपका वास्तविक नाम रामचन्द्र द्विवेदी था। छायावादी युग के रोमानी कवि हैं। 'ऐ मेरे वतन के लोगों', 'दे दी तूने आजादी बिना खड्ग बिना ढाल' जैसे इनके गीत बहुत प्रसिद्ध हैं। आपको 1997 में दादा साहब फाल्के पुरस्कार से पुरस्कृत किया गया।
- **लता मंगेशकर**—स्वर साम्राज्ञी लता मंगेशकर का जन्म 28 सितम्बर, 1929 को इन्दौर में हुआ था। इन्हें 1969 में पद्मभूषण, 1999 में पद्मविभूषण, 1989 में दादा साहेब फाल्के पुरस्कार के साथ ही 2001 में भारतरत्न से पुरस्कृत किया गया। 2013 में यश चोपड़ा पुरस्कार प्रदान किया गया। म.प्र. सरकार ने वर्ष 1984 में लता मंगेशकर के नाम पर पुरस्कार की स्थापना की है।
- **शंकर लक्ष्मण**—इनका जन्म 7 जुलाई, 1933 को इन्दौर के पास महू में हुआ था। 1964 में ओलम्पिक खेलों में भाग लिया। 1966 में एशियाई खेलों में भारत की हॉकी टीम का नेतृत्व किया। ये गोलकीपर के रूप में खेलते थे। सेना से अवकाश ग्रहण करने के बाद महू (इन्दौर) में हॉकी खिलाड़ियों को प्रशिक्षण देते हैं। इन्हें अर्जुन पद्मश्री पुरस्कार से सम्मानित किया जा चुका है।
- **मेजर ध्यानचन्द**—हॉकी के जादूगर के नाम से ख्याति प्राप्त हैं। इन्होंने ग्वालियर क्षेत्र से हॉकी खेलना शुरू किया था। कई ओलम्पिकों में भारत का प्रतिनिधित्व किया।
- **असलम शेर खां**—भारतीय टीम में फॉरवर्ड हॉकी खिलाड़ी ओलम्पिक व एशियाई खेलों में भारत का प्रतिनिधित्व किया। बैतूल से सांसद सदस्य भी रह चुके हैं।
- **राजीव वर्मा**—इनका जन्म 7 जुलाई, 1948 को हुआ था। इन्होंने दूरदर्शन धारावाहिक से प्रसिद्धि प्राप्त की। म.प्र. फिल्म पत्रकार संघ एवं संजय कासलीवाल पुरस्कार से सम्मानित किया जा चुका है।
- **राजकुमारी राठौर**—इनका जन्म महू में हुआ था। इनकी शादी धार में हुई। इसलिए वर्तमान में धार निवासी हैं। इन्होंने म.प्र. शूटिंग अकादमी भोपाल से प्रशिक्षण प्राप्त किया। इन्होंने शूटिंग में अन्तर्राष्ट्रीय कैरियर में आठ गोल्ड सहित 17 पदक जीते। इन्हें वर्ष 2002 में प्रदेश के सर्वोच्च खेल पुरस्कार 'विक्रम अवार्ड' से एवं 2013 में राष्ट्रीय खेल पुरस्कार, 'अर्जुन अवार्ड' से सम्मानित किया गया।
- **अजीजुद्दीन**—जन्म 1 दिसम्बर, 1958 को। अन्तर्राष्ट्रीय हॉकी खिलाड़ी, भारतीय हॉकी टीम के सदस्य के रूप में 1986 में म.प्र. के विक्रम पुरस्कार से सम्मानित किया गया।

प्रमुख सम्मान

1. **तानसेन सम्मान**-संगीत शिरोमणि तानसेन की स्मृति को चीर स्थाई बनाये रखने के लिए तथा उनके प्रतिसम्मान व्यक्त करने हेतु तानसेन स्थापित किया गया है। संगीत के क्षेत्र में उत्कृष्ट प्रदर्शन तथा सृजनात्मक कार्यों के लिए इस सम्मान की स्थापना वर्ष 1980 में की गई हैं।
2. **कालिदास सम्मान**-म.प्र. संस्कृति विभाग द्वारा कालिदास राष्ट्रीय सम्मान की स्थापना वर्ष 1980 में की गई। सृजनात्मक कला के क्षेत्र में उत्कृष्ट प्रदर्शन तथा महान उपलब्धि के लिए यह सम्मान प्रदान किया जाता है। प्रारम्भ में यह सम्मान पृथक्-पृथक् क्षेत्र के लिए एक-एक वर्ष उपरांत क्रमानुसार दिया जाता था। अर्थात् यह सम्मान 4 क्षेत्रों रूपंकर, रंगकर्म, शास्त्रीय नृत्य तथा शास्त्रीय संगीत के क्षेत्र में एक-एक वर्ष के अंतराल में दिया जाता रहा है, परन्तु 1996 से यह सम्मान इन चारों क्षेत्रों के लिए एक साथ पर अलग-अलग राशि के साथ प्रदान किया जाता है।
3. **तुलसी सम्मान**-म.प्र. शासन द्वारा 1983-84 वर्ष में स्थापित यह राष्ट्रीय सम्मान आदिवासी लोक एवं पारंपरिक कला के क्षेत्र में उत्कृष्ट सृजनात्मकता एवं श्रेष्ठ उपलब्धि के लिए तथा इन कलाओं में राष्ट्रीय मापदंड विकसित करने हेतु दिया जाता है। इस सम्मान को अर्जित करने के लिए असाधारण सृजनात्मकता, उत्कृष्टता और दीर्घसाधना जैसे मापदंड निर्धारित किए गए हैं।
   यह सम्मान तीन वर्षों में दो बार प्रदर्शनकारी कला के क्षेत्र तथा एक बार रूपंकर कला के क्षेत्र में दिया जाता है।
4. **कबीर सम्मान**-म.प्र. शासन के संस्कृति विभाग द्वारा भारतीय भाषा की कविता के क्षेत्र में उत्कृष्ट रचना हेतु राष्ट्रीय कबीर सम्मान का स्थापना की गई है। वर्ष 1986-87 में स्थापित इस राष्ट्रीय सम्मान के अंतर्गत 3,00,000 रुपए का सम्मान निधि तथा प्रशस्ति-पत्र दिए जाने की व्यवस्था है।
5. **कुमार गंधर्व सम्मान**-गायन तथा वादन के क्षेत्र में एक-एक वर्ष के अंतराल पर प्रतिवर्ष नवोदित कलाकारों को शास्त्रीय संगीत के क्षेत्र में यह सम्मान दिया जाता है। देवास की महान् संगीत प्रतिभा कुमार गंधर्व की समृति को चिर-स्थाई बनाने के लिए 1995 में यह सम्मान स्थापित किया गया था।
6. **लता मंगेशकर सम्मान**-म.प्र. शासन द्वारा वर्ष 1984 में स्थापित यह राष्ट्रीय सम्मान सुगम संगीत के क्षेत्र में उत्कृष्ट प्रदर्शन करने वाले कलाकार को दिया जाता है। यह सम्मान यदि पार्श्वगायन के क्षेत्र में दिया गया है, तो दूसरे साल ख्यात संगीतकार को यह सम्मान दिया जाएगा। लता मंगेशकर पुरस्कार के अंतर्गत 2,00,000 रुपए की राशि के साथ प्रशस्ति-पत्र दिए जाने की व्यवस्था है।
7. **मैथिलीशरण गुप्त सम्मान**-म.प्र. शासन शासन 1987-88 से स्थापित यह राष्ट्रीय सम्मान हिन्दी कविता के साथ-साथ साहित्य की अन्य विधाओं के क्षेत्र में उत्कृष्ट योगदान हेतु दिया जाता है। प्रारंभ में इस सम्मान के अंतर्गत 51,000 रुपये की सम्मान राशि के साथ-साथ प्रशस्ति-पत्र भी दिया जाता था।
8. **राष्ट्रीय इकबाल सम्मान**-वर्ष 1987 में स्थापित वह पुरस्कार श्रेष्ठ उर्दू रचनात्मक लेखन के लिए उर्दू के सुप्रसिद्ध कवि अल्लामा इकबाल के सम्मान में दिया जाता है। यह सम्मान देश का सर्वोच्च उर्दू सम्मान है। प्रारंभ में इसके अंतर्गत, 50,000/- रुपए नकद के साथ प्रशस्ति पत्र दिए जाने की व्यवस्था थी। वर्तमान में सम्मान निधि को

बढ़ाकर 2,00,000/- रुपए कर दिया गया है। स्थापना वर्ष में यह सम्मान अली सरदार जाफरी को दिया गया था।

9. **शरद जोशी सम्मान**-म.प्र. शासन के द्वारा विख्यात व्यंग्यकार तथा समाचार पत्रों की एक विशिष्ट हस्ती स्व. शरद जोशी की स्मृति में 1992-93 में शरद जोशी राष्ट्रीय सम्मान की स्थापना की गई। यह सम्मान हिन्दी व्यंग्य विधा, रिपोर्टिंग, पत्र-लेखन, डायरी-लेखन, निबंध-लेखन, संस्मरण लेखन प्रत्येक विधा के क्षेत्र में दिया जाता है। इस सम्मान के अंतर्गत 1,00,000 रुपए का सम्मान निधि प्रशस्ति पत्र के साथ दी जाती है। प्रथम शरद जोशी सम्मान शरद जोशी के गुरु श्री हरिशंकर परसाईजी को दिया गया था।

10. **किशोर कुमार सम्मान**-सिनेमा के क्षेत्र में श्रेष्ठ निर्देशन, अभिनय कला के लिए पटकथा अथवा गीत लेखन हेतु एक वार्षिक राष्ट्रीय पुरस्कार में म.प्र. के प्रख्यात गायक, कलाकार तथा संगीतज्ञ स्व. किशोर कुमार के सम्मान में 1997 में स्थापित किया गया है। इस सम्मान के अंतर्गत 2,00,000 रुपए नकद राशि के साथ अलंकरण पट्टिका प्रदान की जाती है। प्रथम किशोर कुमार सम्मान प्रसिद्ध निर्देशक ऋषिकेश मुखर्जी को दिया गया था।

11. **महात्मा गांधी राष्ट्रीय सम्मान**-गांधी विचार दर्शन के अनुसार समाज में रचनात्मक क्रियान्वयन, सांप्रदायिक सद्भावना तथा समानता के प्रचार-प्रसार हेतु श्रेष्ठ उपलब्धता के लिए शासन द्वारा इस क्षेत्र का सर्वाधिक बड़ा सम्मान वर्ष 1995 में स्थापित किया गया। यह सम्मान विशेषत: किसी सामाजिक संस्था को प्रदान किया जाता है। इस पुरस्कार का सम्मान निधि है। 10 लाख रुपये तथा प्रशस्ति-पत्र।

12. **राष्ट्रीय देवी अहिल्या सम्मान**-आदिवासी लोक कला तथा पारम्परिक कला के क्षेत्र में महिला कलाकारों का सृजनात्मक प्रतिभा को सम्मानित करने हेतु वर्ष 1996-97 में देवी अहिल्या सम्मान की स्थापना की गई। इसके अंतर्गत कलाकारों को 2,00,000/- रुपए के साथ प्रशस्ति पत्र दिए जाते हैं।

> **विष्णु कुमार स्मृति अवॉर्ड**-वर्ष 2009 में म.प्र. सरकार ने राष्ट्रीय स्वयं सेवक के प्रचारक व सेवा भारती के संस्थापक रहे विष्णु कुमार की स्मृति में म.प्र. शासन की ओर से एक-एक लाख रुपए के तीन पुरस्कारों की स्थापना की घोषणा की है। यह पुरस्कार समाज सेवा के क्षेत्र में दिए जाएंगे।

> **बसावन मामा स्मृति वन एवं वन्य प्राणी संरक्षण पुरस्कार**-म.प्र. सरकार द्वारा वन क्षेत्र के उत्कृष्ट कोटि के संरक्षण वादी बसावन, मामा की स्मृति में 'बसावन मामा स्मृति वन एवं वन्य प्राणी संरक्षण पुरस्कार' स्थापित किया गया है। यह पुरस्कार वन्य क्षेत्र तथा राज्य स्तरीय बसावन मामा स्मृति वन संवर्धन पुरस्कार की दो श्रेणियों में होगा।

> **लक्ष्मण गौड़ स्मृति अवार्ड**-म.प्र. सरकार द्वारा वर्ष 2009 में पूर्व उच्च शिक्षा लक्ष्मणसिंह गौड़ की स्मृति में 7 लाख 80 हजार रुपए के 'लक्ष्मण गौड़ स्मृति अवार्ड' देने की घोषणा की है। कॉलेज शिक्षक और विद्यार्थियों की अलग-अलग श्रेणियों में उत्कृष्ट प्रदर्शन करने वालों को यह पुरस्कार दिए जाएंगे।

प्रश्नमाला

1. मध्य प्रदेश में तानसेन सम्मान किस क्षेत्र में प्रदान किया जाता है?
   (a) संगीत   (b) अभिनय   (c) लेखन   (d) चित्रकला
2. मध्य प्रदेश के विदिशा तथा एरण से किस गुप्त शासक के नाम के सिक्के मिले हैं?
   (a) समुद्रगुप्त   (b) चंद्रगुप्त द्वितीय (c) रामगुप्त   (d) भानुगुप्त
3. मध्य प्रदेश में पहली बार किसी साड़ी का पेटेंट कराया गया। यह कौन-सी है?
   (a) चंदेरी साड़ी   (b) महेश्वर साड़ी (c) खजुराहो साड़ी (d) निर्मली साड़ी
4. तुलसी सम्मान प्राप्तकर्ता प्रथम व्यक्ति कौन थे?
   (a) हरिजी केशवजी   (b) गिरिराज प्रसाद
   (c) a और b दोनों   (d) प्रभात कौशल
5. उर्दू साहित्य के क्षेत्र में कौन-सा पुरस्कार प्रदान किया गया है?
   (a) इकबाल सम्मान   (b) लतीफ सम्मान
   (c) हुसैन सम्मान   (d) अल्ला-रक्खा सम्मान
6. कालिदास सम्मान किस क्षेत्र में योगदान हेतु प्रदान किया जाता है?
   (a) कला   (b) समाज सेवा (c) चिकित्सा   (d) शिक्षा
7. राष्ट्रीय तुलसी सम्मान कब स्थापित किया गया?
   (a) 1981   (b) 1983   (c) 1985   (d) 1987
8. मेधा पाटकर का नाम जुड़ा है-
   (a) भोपाल गैस त्रासदी   (b) महिला विकास
   (c) नर्मदा बचाओ आंदोलन   (d) जनजातीय विकास
9. भोपाल किसके लिए प्रसिद्ध है?
   (a) विधानसभा भवन   (b) भारत-भवन
   (c) झीलों के लिए   (d) उपर्युक्त सभी
10. देश के राष्ट्रपति पद को सुशोभित करने वाले शंकर दयाल शर्मा का जन्म कहां हुआ था?
    (a) भोपाल   (b) इन्दौर   (c) होशंगाबाद   (d) a और b
11. मालवा उत्सव का आयोजन कहां होता है?
    (a) इन्दौर में   (b) उज्जैन में
    (c) दिल्ली में   (d) a और b
12. मध्य प्रदेश शासन के वीरांगना रानी दुर्गावती राष्ट्रीय सम्मान के प्रथम प्राप्तकर्ता हैं-
    (a) राज करकेट्टा   (b) मंदाकिनी वाकणकर
    (c) महासुन्दरी देवी   (d) गुरप्पा चेट्टी

उत्तरमाला

1. (a)   2. (c)   3. (a)   4. (c)   5. (a)   6. (a)
7. (b)   8. (c)   9. (d)   10. (a)   11. (d)   12. (a)